Ayya Khema

Nicht so viel denken, mehr lieben

Buddha und Jesus im Dialog

Aus dem Englischen von
Dr. Siegfried Christ,
überarbeitet von Romy Schlichting

Hoffmann und Campe

Die Originalausgabe erschien unter dem Titel
»Jesus meets the Buddha« im Jhana Verlag,
Uttenbühl
Die Zitate aus der Bibel stammen aus der Übersetzung
Martin Luthers, revidierte Fassung 1984
Die Originalfassung der Lehrrede des Buddha stammt aus
der Sutta Nipata, neu übersetzt von Vimalo

Die Deutsche Bibliothek – CIP-Einheitsaufnahme
Khema ‹Ayya›: Nicht so viel denken, mehr lieben :
Buddha und Jesus im Dialog / Ayya Khema.
Aus dem Engl. von Siegfried Christ. Überarb. von Romy Schlichting.
– 1. Aufl. – Hamburg : Hoffmann und Campe, 1998
Einheitssacht.: Jesus meets the Buddha ‹dt.›
ISBN 3-455-11243-9

Redaktion: Micheline Rampe
Schutzumschlaggestaltung: Büro Hamburg unter Verwendung
einer Illustration von Olney Vasan / Tony Stone
Satz: Dörlemann Satz, Lemförde
Druck und Bindung: Clausen & Bosse, Leck
Printed in Germany

Inhalt

Dank 7

Vorwort 9

Die Lehrrede des Buddha über die Liebende Güte 11

Herzensfrieden 13

15 Bedingungen 21

1. Man sei: *fähig* 21
2. Aufrecht 23
3. Freimütig 28
4. Ohne Stolz 33
5. Zugänglich, leicht ansprechbar 38
6. Sanftmütig 44
7. Leicht befriedigt 49
8. Zufrieden 53
9. Nicht zu geschäftig 58
10. Genügsam 61
11. Die Sinne still 64
12. Klar der Verstand 69
13. Nicht dreist 72
14. Nicht gierig sei das Verhalten 75
15. Auch nicht im Kleinsten gäbe es ein Vergehen, wofür uns Weise tadeln könnten 79

Glück 84
Keinerlei Übelwollen 89
Herzensverbindung 92
Bedingungslose Liebe 95

Anhang

Erklärung von Meditation und Kontemplation 101
Liebende-Güte-Kontemplation 105
Liebende-Güte-Meditation: Springbrunnen der Liebe 109
Liebende-Güte-Meditation: Verzeihen 114
Liebende-Güte-Meditation: Blumengarten im Herzen 118
Liebende-Güte-Meditation: Mitgefühl 123

Dank

Mein Dank gilt erst einmal den Hausgemeinschaften des Buddha-Hauses und der Metta Vihara für ihre Ermutigung und Unterstützung, Bücher fertigzustellen. Zweitens allen denen, die uns mitteilen, daß sie die Bücher gern lesen und auch verschenken und dadurch unsere Arbeit in jeder Hinsicht ermöglichen. Und drittens ganz besonderen Dank an Herrn Dr. Christ und Romy Schlichting, die aus dem englischen Original eine deutsche Fassung gemacht haben, die für den deutschsprachigen Raum Zugang zu meinem Beitrag zum interreligiösen Dialog verschafft.

Ayya Khema
Buddha-Haus
März 1997

Vorwort

Viele Jahrhunderte lang haben Menschen versucht, einander zu beweisen, daß ihre eigene Religion, ihre Rituale und geistigen Praktiken denen anderer überlegen sind.

Diese Einstellung hat zu Isolation, Entfremdung und sogar Aggression mit oft schrecklichen Folgen geführt. Selbst heute, am Ende des 20. Jahrhunderts, hält sich diese Einstellung noch und führt zu unermeßlichem Elend und Leid.

Es sind jedoch mehr und mehr Stimmen zu hören, die auf die Ähnlichkeiten zwischen den Weltreligionen hinweisen, auf ihren einmütigen Ruf nach Frieden und Harmonie und ihre wesensmäßige Übereinstimmung.

Theologen, Schriftsteller, Universitätsdozenten, Meditationsmeister, Mönche und Nonnen rücken zusammen gegen übertriebenen Glaubenseifer, trennendes Denken und Vorurteile.

Dieses kleine Buch beabsichtigt, einen weiteren

Baustein für die Akzeptanz und die Erkenntnis unserer gemeinsamen spirituellen Natur zu liefern, denn dies ist unsere einzige Hoffnung auf eine friedvolle Koexistenz.

Wenn auch nur ein einziger Mensch aus diesen Ausführungen wirklichen Nutzen für sein Leben zieht, würde dies uns alle vom Buddha-Haus sehr freuen.

Ayya Khema
Buddha-Haus
März 1997

Die Lehrrede des Buddha über die Liebende Güte

Wem klargeworden, daß der Frieden des Geistes
das Ziel seines Lebens ist,
der bemühe sich um folgende Gesinnung:
Er sei fähig, aufrecht und freimütig,
ohne Stolz, zugänglich und sanftmütig.
Leicht befriedigt, zufrieden,
nicht zu geschäftig und genügsam.
Die Sinne still, klar der Verstand,
nicht dreist, nicht gierig sei sein Verhalten.
Auch nicht im Kleinsten gäb es ein Vergehen,
wofür uns Weise tadeln könnten.
Mögen alle Wesen glücklich sein und Frieden finden.
Was es auch an lebenden Wesen gibt:
ob stark oder schwach, ob groß oder klein,
ob sichtbar oder unsichtbar, fern oder nah,
ob einer Geburt zustrebend –
mögen sie alle glücklich sein.
Niemand betrüge oder verachte einen anderen.

Aus Ärger oder Übelwollen wünsche man
keinem irgendwelches Unglück.
Wie eine Mutter mit ihrem Leben
ihr einzig Kind beschützt und behütet,
so möge man für alle Wesen und die ganze Welt
ein unbegrenzt gütiges Gemüt erwecken:
ohne Haß und ohne Feindschaft
nach oben, nach unten, in alle Richtungen.
Im Gehen, Stehen, Sitzen oder Liegen
entfalte man eifrig die bedingungslose Liebe:
dies nennt man Weilen im Heiligen.
Wer sich nicht an Ansichten verliert,
Tugend und Weisheit in sich trägt,
dem Sinnengenuß nicht verhaftet ist –
für den gibt es keine Geburt mehr.

Herzensfrieden

»Wem klargeworden,
daß der Frieden des Geistes
das Ziel seines Lebens ist,
der bemühe sich um folgende Gesinnung: ...«

(Anfangszeilen aus der
Karaṇīya-Mettā-Sutta,
der Lehrrede des Buddha
von der Liebenden Güte)

»Selig sind die Friedensstifter,
denn sie werden die Kinder Gottes heißen.«

(Bergpredigt, Matth. 5, 9)

Diese beiden Zitate zeigen uns schon, daß beide Erlösungslehren, die des Buddha und die von Jesus, sich damit beschäftigen, wie wir zum Frieden gelangen können. Aber wir dürfen das Wort »Friedensstifter« nicht mißverstehen. Es ist wichtig, sich darüber klar zu sein, daß es nur einen einzigen Menschen gibt, auf den wir wirklich Einfluß ausüben können, und dieser Mensch sind wir selbst.

Nur indem wir in uns selbst Frieden schaffen, können wir ein Friedensstifter werden. Wenn wir inneren Frieden in uns verwirklichen, wird dies unsere Umwelt, die Menschen um uns herum beeinflussen.

Frieden in uns zu schaffen, ist der größte Segen, nicht nur für uns selbst, sondern auch für die Welt, in der wir leben und für die wir Verantwortung tragen, da wir ein Teil der ganzen Schöpfung sind. Mit unserem inneren Frieden tragen wir zum Frieden in der Welt bei. Ohne ihn tragen wir zum Unfrieden in der Welt bei. Wie könnte es auch anders sein? Es ist klar, daß es ein schwieriges Unterfangen ist, völligen inneren Frieden zu erlangen. Das ist eine Lebensaufgabe. Aber mit jedem kleinen Fortschritt, den wir in diese Richtung machen, mit jedem Moment inneren Friedens, bekommen wir mehr Sicherheit auf diesem Weg.

»Denn sie werden die Kinder Gottes heißen.«
(Matth. 5, 9)

Damit wird klar ausgesprochen, daß wir alle Kinder Gottes sein können. Haben wir jemals daran gezweifelt? Aber was heißt es wirklich, ein Kind Gottes zu sein? Der Buddha spricht in diesem Zusammenhang von den »Göttlichen Verweilungsstätten« (Brahma Vihāras), der göttlichen Lebensweise. Kinder in einer göttlichen Art und Weise zu sein bedeutet, alle Unreinheiten losgelassen zu haben. Die Buddha-Lehre wird oft »der Pfad der Läuterung« genannt. Es ist deutlich, daß sich die Lehre von Jesus mit demselben Thema befaßt:

> »Selig sind, die reinen Herzens sind;
> denn sie werden Gott schauen.«
>
> *(Matth. 5, 8)*

Die Unterstützung in den Worten des Buddha besteht in seinen präzisen Anleitungen und detaillierten Erklärungen, die es uns erleichtern, spirituell zu wachsen. Manchmal denken die Menschen, sie könnten dies allein auf sich gestellt schaffen. Das ist aber äußerst unwahrscheinlich. Man müßte dazu schon ein spirituelles Genie sein, und davon gibt es in jedem Jahrhundert nur sehr, sehr wenige! Aber mit Hilfe von Anleitungen und Wegweisungen können wir alle den Zugang zu unserem reinen, schönen Innenleben finden.

Die inspirierende Botschaft der großen spirituellen Meister lautet: Wir alle können geläutert sein, wir alle können Nibbāna erleben, wir alle können Kinder Gottes sein.

Auf die jeweiligen Worte kommt es dabei nicht an, die Bedeutung ist jedesmal die gleiche.

Ein Friedensstifter zu sein, ist eine wunderbare Sache, wenn wir es richtig angehen. Der Buddha verglich das *Dhamma* (seine Lehre) mit einer Schlange. Wenn wir sie am Schwanz ergreifen, dann wird sie uns beißen. Wenn wir sie aber hinter dem Kopf pakken, dann kann sie gezähmt werden. Genauso müssen wir die Lehre richtig anpacken. Das bedeutet, zu erkennen, daß wir sie praktizieren und nicht nur verstehen müssen. Wenn wir diesen entscheidenden Schritt nicht tun, dann wird unser innerer Reichtum uns dennoch verborgen bleiben, egal, wie viele Lehrreden des Buddha wir kennen und wie viele Bücher wir gelesen haben. Um zu praktizieren, ist es nicht nötig, eine Fremdsprache zu beherrschen oder eine fremde Kultur zu übernehmen.

Der Buddha sagte sogar, daß wir das *Dhamma* in unserer Muttersprache lernen sollten, weil Worte

Konzepte sind und in unterschiedlichen Kulturen unterschiedliche Bedeutung haben. Was wir bereits mit der Muttermilch aufgesogen haben, hat für uns große Bedeutung, ob wir uns dessen bewußt sind oder nicht. Es ist ein großer Segen, wenn wir Gelegenheit haben, die Lehre des Buddha in unserer Muttersprache zu hören. Die Karaṇīya-Mettā-Sutta, die *Lehrrede von der Liebenden Güte*, ist eine der berühmtesten und beliebtesten Lehrreden des Buddha. Sie beginnt mit den Worten:

»Wem klargeworden,
daß der Frieden des Geistes
das Ziel seines Lebens ist,
der bemühe sich um folgende Gesinnung: …«

Der Buddha beschreibt dann Fünfzehn Eigenschaften oder Bedingungen, die die Friedfertigkeit in uns fördern. Es ist interessant, daß er von diesen Qualitäten spricht, bevor er überhaupt die Liebe erwähnt. Wir können noch so sehr lieben wollen – die meisten von uns wollen dies ja fraglos – aber solange wir keine solide charakterliche Grundlage besitzen, die unser ganzes Sein umfaßt, wird es unserer Liebe an Kraft und Spiritualität mangeln. Statt dessen wird sie von dem Wunsch durchdrungen sein, daß andere uns gern haben sollen und unsere Liebe erwidert wird.

Die Entwicklung bedingungsloser und unpersönlicher Liebe hat jedoch nichts mit anderen Menschen und ihrem Verhalten uns gegenüber zu tun. Der größte Fehler, den wir machen können, ist, daß wir geliebt werden wollen, anstatt daß wir anderen Liebe schenken. Der Buddha hat nie versucht, geliebt zu werden und beliebt zu sein. Er sagte: »Ich hadere nicht mit der Welt. Die Welt hadert mit mir.« Wahre Liebe heißt Geben ohne Anhaften und Festhalten und ohne die Erwartung, etwas zurückzubekommen.

Von dieser ersten Aussage in der Lehrrede des Buddha lernen wir, daß Friedfertigkeit eine erlernbare Fertigkeit ist, die uns nicht von Natur aus mitgegeben ist. In der Tat haben wir beides – Heilsames und Unheilsames – in uns. Wenn wir eine übertriebene Vorstellung davon haben, wie nett oder freundlich wir sind und wie wenig Gehässigkeit wir in uns tragen, sollten wir uns doch einmal genauer betrachten. Sollten wir äußerst unzufrieden mit uns sein, dann sollten wir das ebenfalls genauer untersuchen. Wir alle haben das Potential für beides in uns. Jedesmal, wenn unser »Ich« sich in irgendeiner Weise bedroht fühlt, bricht unsere unfreundliche Seite in schwacher oder starker Form durch. Die einzige Möglichkeit, die Fähigkeit zur Friedfertigkeit zu erwerben, ist, wahrzunehmen, daß dies in uns geschieht. Wenn wir die Ursache des Gefühlsausbruchs nicht erkennen, dann werden wir uns auch nicht ändern können.

Friedfertigkeit hat sowohl mit Gedanken als auch mit Gefühlen zu tun. Diesen Zusammenhang müssen wir erkennen, sonst wird es uns sehr schwerfallen, uns so zu sehen, wie wir tatsächlich sind. Negative Gedanken bringen negative Gefühle hervor. Unsere Reaktionen auf diese negativen Gefühle sind oft äußerst unangenehm, und dies erzeugt wiederum weitere Negativitäten. Auf diese Weise wird dieser ganze Prozeß in Gang gehalten und wiederholt sich immer wieder. Wenn wir lernen, überwiegend heilsame Gedanken und Gefühle in uns zu kultivieren, dann geben wir dem Frieden eine Chance, in unsere Herzen einzuziehen. Leider geschieht das nicht automatisch. Wenn wir ein Baby beobachten, dann können wir sehen, daß es recht selten Frieden erlebt. Die meiste Zeit passiert etwas anderes: Es weint, weil es nicht das bekommt, was es haben will, oder weil es bekommt, was es nicht haben will; z.B. nasse Windeln oder Bauchschmerzen. Auch wir sind voller Rastlosigkeit und Sorge, wenn auch die meisten Menschen verstehen, ihre Gefühle einigermaßen in Grenzen zu halten. Einige von uns bringen selbst das nicht fertig und ziehen ständig von einem Ort zum anderen, um Befriedigung zu finden, wenn schon nicht für den Körper, dann eventuell für den Geist. Selbst im Schlaf wirbelt unser Unterbewußtsein weiter und verschafft uns angenehme oder unangenehme Träume.

Frieden ist ein innerer Zustand – unabhängig von äußeren Umständen. Wir verursachen ihn in uns selbst durch die Fähigkeit, ein liebevolles Herz zu entwickeln, und indem wir erkennen, daß die Welt dies nicht für uns erledigen kann. Dieser Moment des Erkennens: »Ich muß es selbst machen!« ist ein Augenblick der Wahrheit. Das klingt vollkommen selbstverständlich, aber für die meisten Menschen ist es eine überraschende Einsicht. Und die Frage, die darauf folgen muß, lautet: »Wie kann ich das bewerkstelligen?«

Die Lehrrede des Buddha führt *Fünfzehn Eigenschaften* auf, die Heil mit sich bringen, inneren Frieden schaffen und uns zu bedingungsloser Liebe führen.

15 Bedingungen

1. Man sei: *fähig*

Der Buddha war ein großer Realist – einer der pragmatischsten Lehrer spiritueller Wahrheit, der je gelebt hat. Er wußte, daß wir eine sichere Basis für das weltliche Leben haben, wenn wir Fähigkeiten besitzen, welcher Art sie auch sein mögen. Wir können immer wieder erkennen, daß wir, um ein spirituelles Leben zu führen, zunächst unser weltliches Leben auf einer soliden Grundlage aufbauen müssen. Wenn uns das gelingt, dann können wir da- mit unsere spirituelle Praxis bereichern und das Gewöhnliche in das Außergewöhnliche transformieren.

Fähig zu sein bedeutet im allgemeinen, daß wir bestimmte Fertigkeiten besitzen und gelernt haben, unabhängig zu sein. Zu lernen und zu studieren wurde von dem Buddha und der Gesellschaft seiner Zeit sehr geschätzt, so wie es auch heute noch der Fall ist. Ob unsere Fähigkeiten manueller oder geistiger Art sind, ob wir ein Handwerk oder einen Beruf erlernen, ganz gleich, was es auch sei, unsere Fähigkeiten gehören zu unseren größten Besitztümern. Sie ermöglichen uns einen *rechten Lebenserwerb*, was wiederum Selbstvertrauen erzeugt. Sie befähigen uns, großzügig zu sein, andere zu unterstützen, spirituelle Bemühungen zu fördern und niemandem zur Last zu fallen.

Wir leben inmitten der Gesellschaft, ob uns das gefällt oder nicht. Tatsächlich sind wir selbst diese Gesellschaft, und was auch immer wir in sie hineintragen, verbessert oder beeinträchtigt sie. *Fähig* zu sein hat mit weltlichen Fähigkeiten zu tun und eröffnet den Weg zu einem guten und sittlichen Leben. Deshalb steht diese Eigenschaft an der Spitze der *Fünfzehn Bedingungen*.

Es gibt hier aber noch eine andere, wesentlich weiterreichende Bedeutung, die uns zu innerem Wachstum führt. Der Buddha nennt sie unsere »fünf spirituellen Fähigkeiten«, bestehend aus Achtsamkeit, Vertrauen, Weisheit, Willenskraft und Konzentration. Dies sind uns innewohnende Fähigkeiten, die es uns ermöglichen, das Weltliche zu transzendieren und unsere spirituelle Natur zum Höchsten zu entfalten.

In der Bergpredigt finden wir denselben Aufruf, uns über das Weltliche zu erheben, in den Worten:

> »Ihr sollt euch nicht Schätze sammeln auf Erden, wo sie die Motten und der Rost fressen und wo Diebe einbrechen und stehlen. Sammelt euch aber Schätze im Himmel, wo sie weder Motten noch Rost fressen und wo Diebe nicht einbrechen und stehlen.«
>
> *(Matth. 6, 19)*

2. Aufrecht

»Aufrecht« ist vielleicht kein Wort, das wir häufig gebrauchen. Ein aufrechter Mensch ist ehrlich und nicht von dem Wunsch beseelt, etwas zu sagen oder zu tun, nur um beliebt zu sein. Von der Anerkennung anderer Menschen anhängig zu sein, ist eine Form der Sklaverei. Wir können niemals sicher sein, was andere gern haben, außerdem kann sich das auch jederzeit ändern. Auf jeden Fall ist es unmöglich, bei jedermann beliebt zu sein.

Wenn wir aufrecht sind, dann sind wir ehrlich zu unseren Mitmenschen. Andere können sich auf uns verlassen, und wir können auch auf uns selbst bauen. Wir kommen durch die Meinungen und Ansichten anderer, durch Situationen oder unsere eigenen Wünsche nicht ins Schwanken, sondern bewahren unsere innere Stärke. Wir machen natürlich auch Fehler. Jeder, der nicht erleuchtet ist, wird Fehler machen. Aber das ist nicht ausschlaggebend. Es zählt allein unsere Absicht, unser Bestes zu geben.

Aufrecht zu sein bedeutet auch vollkommene Ehrlichkeit sich selbst gegenüber. Dies erfordert ein hohes Maß an Achtsamkeit und an reinem Beobachten dessen, was in uns vorgeht, statt darauf zu achten, was andere gerade tun. Wir sind viel zu schnell bereit, andere zu kritisieren, zu beurteilen oder zu verdammen. Wir spielen die Rolle von Richtern und Geschworenen, dabei mangelt es uns völlig an den dazu notwendigen Qualifikationen. Dies ist ein sinnloses Unterfangen, von dem wir überhaupt keinen Nutzen haben. Im Gegenteil, wir verlieren dabei nur unsere liebevolle und freundliche Haltung.

Es ist nicht leicht, sich selbst gegenüber ehrlich zu sein. Die meisten Menschen laufen mit Scheuklappen herum, unfähig, sich selbst von allen Seiten zu betrachten. Uns selbst so zu sehen, wie andere uns sehen, erfordert ein hohes Maß an Klarblick. Damit ist jedoch keinesfalls gemeint, daß wir uns tadeln oder selbst beschuldigen, sondern daß wir uns um ein unparteiisches Erkennen von uns selbst bemühen sollen. Die Formel dafür lautet: »Erkennen, nicht tadeln, ändern!« Sich tadeln oder kritisieren sind negative Emotionen, und wenn wir uns selbst beschuldigen und tadeln, werden wir dies zwangsläufig auch bei anderen tun.

Sich selbst gegenüber ehrlich zu sein, bedeutet etwas wie ein Detektiv zu sein. Wir versuchen herauszubekommen, was genau uns dazu bringt, in der Weise zu agieren und zu reagieren, wie wir es tun. Viele Menschen erfreuen sich an Detektivgeschichten; auf diese Weise den inneren Detektiv zu spielen, kann sehr aufschlußreich und für uns von großem Nutzen sein.

Aufrichtigkeit ist eine Charaktereigenschaft, die wir in einem anderen Menschen spüren können und die Vertrauen einflößt. Ein aufrechter Mensch ist verantwortungsbewußt und zuverlässig, verleumdet niemanden, klatscht nicht und versucht auch nicht, Freunde gegeneinander auszuspielen. Der Buddha sprach davon, wie wichtig es ist, »Edle Freunde« (kalyāṇa-mittā) zu haben. Ein aufrechter Mensch wäre ein solcher Freund, der uns nicht nur unterstützt, sondern auch in der Lage ist, uns zu helfen, unsere eigenen Fehler zu erkennen.

Wenn wir aufrecht sind, dann besitzen wir eine innere Kraft, die eine Insel des Friedens schafft; einen Fels, auf dem wir in der Brandung, die um uns herum im Alltag tobt, ruhen können. Innere Kraft entsteht durch kontinuierliche Praxis. Zunächst erkennen wir, was in uns selbst vorgeht, und dann ersetzen wir geduldig und behutsam das Unheilsame in uns durch das Heilsame.

Eine zweite Möglichkeit, unsere innere Kraft zu stärken, besteht darin, unsere Mitmenschen zu schätzen, statt darauf aus zu sein, von ihnen geschätzt zu werden. Die meisten Menschen erkennen diese einfache, selbstverständliche Wahrheit niemals. Wenn wir Anerkennung für andere in unserem Herzen tragen, dann sorgen wir uns nicht darum, ob wir selbst anerkannt werden. Auch dies schafft eine Qualität der Unerschütterlichkeit in uns.

Ein gemeinsames Merkmal aller *Fünfzehn Bedingungen*, die der Buddha erwähnte, besteht darin, daß sie ein gewisses Maß an Frieden mit sich bringen. *Fähig* zu sein schafft beispielsweise Frieden auf der materiellen Ebene, aber auch auf der Ebene spiritueller Bemühungen, weil wir uns weder über- noch unterschätzen. *Aufrecht sein* hängt mit unserem inneren Wesen zusammen und verschafft uns ein Gefühl des Wohlbefindens. Wir wissen, daß Wahrheit das Wichtigste ist, und verfangen uns nicht in Urteile über andere oder versuchen, von anderen akzeptiert zu werden. Allein das Wort »aufrecht« spricht schon für sich. Wir können uns dabei einen Menschen vorstellen, der geradesteht, der unerschütterlich und gelassen ist.

In der Bergpredigt finden wir dafür das Wort »rechtschaffen«, »gerecht«.

> »Selig sind die, die um der Gerechtig-
> keit willen verfolgt werden;
> denn ihrer ist das Himmelreich.«
>
> *(Matth. 5, 10)*

Wiederum ist die Bedeutung die gleiche wie beim Buddha, obwohl in unserem heutigen Sprachgebrauch das Wort »Gerechtigkeit« auch die negative Bedeutung von »Rechtfertigung« umfaßt. Ein solches Verständnis wäre jedoch das Gegenteil von dem, was Jesus gemeint hat. »Selig« zu sein bezeichnet einen Zustand, der inneren Frieden bringt, so daß das »Himmelreich« erlebt werden kann.

3. Freimütig

Freimütigkeit bedeutet im wesentlichen, geradlinig und redlich zu sein. Der Buddha besaß diese Eigenschaft. Wenn er feststellte, daß etwas Törichtes gesagt oder getan wurde, hat er darauf hingewiesen. Er versuchte niemals, seine Einsichten hinter schönen Worten zu verbergen. Er sagte, daß Schmeichelei eine Form der Lüge sei.

Freimütigkeit schließt Selbsterkenntnis mit ein. Wenn wir unsere inneren Beweggründe, aus denen heraus wir sprechen oder handeln, nicht erkennen, dann kann unsere sogenannte Freimütigkeit sehr leicht beleidigend oder schroff werden. Unsere Reaktionen sollten immer Liebende Güte mit zum Ausdruck bringen. Wenn wir uns selbst verstehen, dann sind wir in der Lage, in offener Weise, aus unserer eigenen Erfahrung heraus zu sprechen, und das kann hilfreich und aufschlußreich für andere sein.

Freimütigkeit und Offenheit schließen gesellschaftliche Heuchelei aus, jene kleinen »Höflichkeitslügen«, die wir als notwendig betrachten, um uns den Weg zu ebnen. Wenn wir in Geradlinigkeit und Offenheit geübt sind, dann lernen wir, solche

Lügen zu vermeiden und dennoch niemanden zu kränken.

Wenn der Buddha davon sprach, »Edle Freunde« zu haben, dann sprach er auch von »edlen« Gesprächen. Aber weil wir nicht sicher sind, wie wir offen und direkt sein können, sprechen wir oft auf einem solch oberflächlichen Niveau miteinander, daß unsere Gespräche mehr eitlem Geschwätz gleichen. Wenn wir lernen, uns selbst gegenüber ehrlich zu sein, dann wird dies häufig dieselbe Ehrlichkeit auch in anderen hervorrufen, und die Gespräche können an Bedeutung gewinnen.

Die meisten Menschen sind jedoch nicht bereit, sich auf diese Ebene der Kommunikation zu begeben. Sie verbergen sich lieber so weit hinter gesellschaftlichen Höflichkeitsfloskeln, daß andere ihre Schwierigkeiten nicht einmal mehr erahnen können. Doch wir haben alle dieselben grundlegenden Probleme, daraus brauchen wir kein Geheimnis zu machen. Um wie vieles fruchtbarer kann es sein, wenn wir jemandem begegnen, mit dem wir frei reden und dem wir vertrauen können, der aufrecht und offen ist.

Freimütig und redlich ist das Gegenteil von unehrlich, was aber nicht einfach bedeutet, daß man kein Gauner ist. Vielmehr setzt es Entschlossenheit und die Fähigkeit voraus, auf einem untadeligen Niveau zu denken, zu reden und zu handeln. In uns soll nichts Unredliches sein, nichts, was andere Menschen nicht von uns wissen sollen, nichts, was wir verbergen möchten. Natürlich genügt Entschlossenheit allein nicht, Fehler und Irrtümer können vorkommen. Solange wir auf diesem Pfad der Selbsterkenntnis gehen, müssen wir Mitgefühl für unsere Schwierigkeiten haben, wenn wir stolpern. Was dann zählt, ist, daß wir wieder auf den Pfad zurückfinden. Sollten wir gänzlich den Halt verlieren und vom Berg bis hinunter ins Tal rutschen, dann wird es schwieriger sein, uns wieder zu fangen. Wenn wir jedoch unsere Festigkeit nur einen kurzen Moment verlieren und sofort wieder auf dem Pfad weiterschreiten, dann üben wir richtig. Das ist gemeint, wenn wir von dem »Erwerb von Fähigkeiten« sprechen. Viele von uns werden sich daran erinnern, wie oft wir vom Fahrrad fallen mußten, bevor wir sicher fahren konnten. Die Fähigkeit der Heilsamkeit und den Zustand der Friedfertigkeit zu erreichen mag länger dauern, aber die Ergebnisse sind tiefgründiger.

In der ersten Lehrrede der Längeren Sammlung (Digha Nikāya) zählt der Buddha 62 Ansichten der Menschen auf. Sie sind wie Überschriften für alle nur möglichen Ansichten, und jede von ihnen ist falsch. Denn alles, was wir vom Standpunkt eines selbständigen »Ich« aus betrachten, kann niemals zutreffend in einem absoluten Sinne sein. »Freimütig«, »redlich und offen« zu sein bedeutet demnach auch, unsere Ansichten und Meinungen über uns und andere Menschen fallenzulassen. Eines unserer massivsten Hindernisse ist unsere tief eingewurzelte Vorstellung, wie andere zu handeln und zu sein haben. Indem wir an unseren diesbezüglichen Standpunkten festhalten, blockieren wir den Weg zu unseren Herzen und machen die Entfaltung »bedingungsloser Liebe« (Mettā) unmöglich.

In der Bergpredigt wird dies mit den Worten zum Ausdruck gebracht:

> »Alles nun, was ihr wollt, daß euch die
> Leute tun sollen, das tut ihnen auch!
> Das ist das Gesetz …«
>
> *(Matth. 7, 12)*

Um all diese angehäuften, gewohnheitsmäßigen Gedanken zu durchtrennen, die wir in unserem Geist gespeichert haben, bedarf es eines hohen Maßes an Offenheit und Freimütigkeit. Die meisten Menschen glauben alles, was sie denken. Wenn wir jedoch meditieren, wird uns bald klar, wie falsch diese Anschauung ist. Das Ziel der Meditation ist es, mit dem Denken aufzuhören, und dennoch kommen all diese unerwünschten Gedanken auf. Wir können dabei beobachten, daß unsere Gedanken nichts mit unserer gegenwärtigen meditativen Tätigkeit zu tun haben, sondern daß sie einfach da sind, ständig kommend und gehend. Es ist ein Augenblick der Einsicht, wenn wir erkennen, daß es ja nur Gedanken sind und daß wir ihnen keine Beachtung schenken müssen. Wenn wir das einmal von ganzem Herzen akzeptieren, können wir diese Erkenntnis aus der Meditation mit in unseren Alltag hinübernehmen. Denken ist die natürliche Aktivität des Geistes, und Gedanken sind nur Gedanken. Wir müssen ihnen keinen Glauben schenken, insbesondere, wenn es unheilsame Gedanken sind. Wir müssen ihnen nicht folgen oder fortfahren, sie zu denken.

Wie viele Gedanken haben wir in unserem Leben schon gehabt? Es ist unmöglich, sie zu zählen. Und wo sind sie jetzt? Verschwunden und vergessen. Vielleicht haben wir einige von ihnen niedergeschrieben; Gedankensplitter, die uns zu ihrer Zeit besonders wichtig erschienen. Vielleicht lesen wir sie Jahre später wieder und sagen uns dabei: »Worum ging es denn überhaupt?«

Gedanken steigen in unserem Geist auf und verschwinden wieder, ohne daß sie eine rechte Substanz haben. Sie schaffen fortwährend Unzufriedenheit *(Dukkha)*. Ein hohes Maß an Wahrhaftigkeit und Freimütigkeit ist nötig, um festzustellen, daß die Quelle von »Dukkha« in unserem eigenen Geist ist. Wenn wir dies einmal erkannt haben, sollte die Einsicht in uns aufsteigen, daß das einzig sinnvolle Unterfangen in unserem Leben ist, »Dukkha« in all seinen Schattierungen in uns zu beenden. Diese Erkenntnis erfüllt unsere spirituelle Praxis mit Dringlichkeit und Dynamik.

4. Ohne Stolz

Stolz gibt uns ein Gefühl der Überlegenheit. Wir sind stolz auf unseren Besitz, unsere gesellschaftliche Stellung, unseren familiären Hintergrund, unsere Bildung. Wir sind stolz auf unsere Intelligenz und darauf, daß wir gescheiter sind als andere. Oder wir sind stolz auf all die Erfahrungen, die wir gemacht haben. Einige sind stolz darauf, andere Menschen gern zu haben und immer freundlich zu sein, obwohl sie sich ihres Stolzes gar nicht bewußt sind. Wenn wir uns dabei ertappen, daß wir sagen oder denken: »Ich mache das immer so!« oder »Ich bin jederzeit in der Lage, dies zu tun!«, dann legen wir ebenfalls Stolz an den Tag.

Stolz führt dazu, daß wir uns mit anderen vergleichen und über sie urteilen. Es ist wichtig zu erkennen, daß ein Fallenlassen dieser beurteilenden Haltung nicht gleichbedeutend damit ist, daß wir nicht mehr zwischen Gut und Böse, Stumpfsinn und Intelligenz unterscheiden können. Vielmehr lernen wir, obwohl wir das Verbrechen nicht billigen, dennoch den Täter zu lieben.

Jesus sagt dies auf folgende Weise:

> »Richtet nicht, damit ihr nicht gerichtet werdet. Denn nach welchem Recht ihr richtet, werdet ihr gerichtet werden; und mit welchem Maß ihr meßt, wird euch zugemessen werden.«
>
> *(Matth. 7, 1–2)*

Stolz kann auch eine gegenteilige Form annehmen. Wir können, so absurd dies auch erscheinen mag, auf unsere negativen Seiten, sogar auf unser *Dukkha* stolz sein: »Ich bin nichts Großartiges, aber ich leide fürchterlich, das ist doch immerhin auch etwas.« Welche Form unser Stolz auch annehmen mag, er liefert uns ein unterschwelliges Bestätigungssystem für unsere Ich-Illusion.

Stolz macht es unmöglich, Demut zu empfinden, die eine wichtige Eigenschaft für die spirituelle Praxis ist. Demut kann sich zum Beispiel dadurch entfalten, daß wir uns selbst aus der Perspektive der zahllosen Partikel im unendlichen Universum betrachten. Wenn wir an die Milliarden Menschen auf diesem Planeten denken und dann an unseren Planeten selbst, einen winzigen Punkt in einem Sternensystem, das aus vielen anderen Sternen und Planeten besteht, und dann feststellen, daß auch dieses Sternensystem nur eines von Myriaden weiterer Sternensysteme ist – wie können wir dann nicht demütig sein?

Demut bedeutet jedoch nicht, daß wir uns einen Minderwertigkeitskomplex zulegen, der nur die Kehrseite des Größenwahns wäre: »Seht mich an, ich bin nichts wert« oder »Seht nur, ich bin eine Menge wert.« Die rechte Art, uns ohne Stolz anzuschauen, ist, uns selbst gegenüber die Haltung einzunehmen: »Ich bin ein Teil der Schöpfung, und ich bemühe mich, diesen kleinen Teil nach besten Kräften zu nutzen. Ich will mein Bestes geben.«

Der Buddha verglich uns mit Kindern, die in einem brennenden Haus spielen. Wir wollen unsere Spielsachen nicht verlassen und sehen daher nicht die Dringlichkeit, der Gefahr zu entkommen. Das in Flammen stehende Haus ist ein Gleichnis für Saṁsāra (den Kreislauf der Wiedergeburten, der sich kontinuierlich wiederholende Prozeß des Geborenwerdens, Alterns, Leidens und Sterbens). Es gibt viele Spielsachen in dem Haus, und wir fügen ständig neue hinzu: Computer, Fotoapparate, Jet-Flugzeuge, Satelliten. Unser Lieblingsspielzeug aber ist das »Ich«.

Wenn wir uns als »spirituelle Kinder« betrachten, als Kinder von Buddha, Dhamma und Sangha (das Dreifache Kleinod) oder, in der christlichen Tradition, als »Kinder Gottes«, dann sehen wir unsere wahre Natur. Kinder machen häufig Fehler, und ihre Eltern sagen ihnen dann, wie man lernen und es besser machen kann. Aber dennoch hören die Eltern nicht auf, ihre Kinder zu lieben. Ein solches Verhältnis sollten wir auch uns selbst gegenüber entwickeln: uns lieben und akzeptieren, unsere Fehler erkennen und an unserem inneren Wandel arbeiten.

Wenn wir erst einmal den Stolz in uns erkannt haben, dann erkennen wir ihn auch als ein äußerst unangenehmes Gefühl, und wir werden uns wünschen, ihn loszuwerden. Die Tatsache, daß »Stolz« oder der ihm verwandte Hochmut in unserer Kultur nichts Erstrebenswertes sind, zeigt sich in solchen Ausdrücken wie: »Stolz wie ein Pfau« oder »Hochmut kommt vor dem Fall.« Um aber das Wirken des Stolzes in uns selbst zu erkennen, brauchen wir viel Einsicht. Solange wir des Stolzes in uns nicht bewußt sind, können wir damit leben, selbst wenn dies eine Menge negativer Gefühle und Reaktionen im täglichen Leben mit sich bringt und uns ärgerlich, schlecht gelaunt und rastlos macht. Aber diese Gefühle kommen uns normal vor: »So bin ich eben!« und »So sind die Dinge halt!« Natürlich stimmt das, es muß aber nicht so bleiben. Wir können uns ändern, sogar ganz grundlegend ändern.

5. Zugänglich, leicht ansprechbar

Die obige Eigenschaft entsteht offenkundig aus der zuvor genannten Bedingung. Es ist nicht einfach, mit einem stolzen Menschen zu sprechen, denn er ist unzugänglich. Wir müssen unsere Worte sorgfältig wählen, um ihn in seinem Stolz oder Hochmut nicht zu verletzen. Stolze Menschen machen manchmal den Eindruck, als seien sie aus Glas. Wir spüren, daß sie, wenn wir ihnen zu nahe treten, in tausend Scherben zerspringen könnten, und gehen deshalb vorsichtig mit ihnen um.

»Zugänglich« bedeutet nicht nur, daß wir liebenswürdig oder höflich sind. Das versuchen die meisten Menschen ja durchaus. Vielmehr wird ein Mensch, der wirklich zugänglich ist, mit anderen auf der Ebene von Gleichberechtigung verkehren wollen, also ohne ein Gefühl der Überlegenheit oder der Unterlegenheit. Wo Freundschaft existiert, wird dieser Mensch in der Lage sein, anderen gegenüber sein Herz und sein ganzes Wesen zu öffnen.

Es ist schwierig, diese Haltung der Gleichheit aufrechtzuerhalten, da viele unserer gesellschaftlichen Situationen von Über- und Unterordnung geprägt sind. So unerwünscht sie auch sein mag, Hierarchie ist doch allgegenwärtig. Wir erleben sie am Arbeitsplatz, in der Familie, in der Regierung. Wir treffen sie gewiß auch im Kreis spiritueller Lehrer. Hierarchien schaffen eine Situation, in der der Höhergestellte und der Tiefergestellte nicht mehr ohne weiteres frei miteinander umgehen können. Es gibt sogar Sprachen, in denen sich die Wortendungen demjenigen anpassen, mit dem man spricht. Häufig richten wir sogar im Deutschen unsere Wortwahl danach aus, mit wem wir zu tun haben. Manchmal geschieht dies aus reiner Höflichkeit, aber wir sollten nie außer acht lassen, daß vor allem der Höhergestellte die Pflicht hat, zugänglich und ansprechbar zu sein.

Menschen, die schüchtern und unbeholfen im Umgang mit anderen sind, sind niemals leicht zugänglich. Sie denken, daß es ihnen an den richtigen Umgangsformen mangelt, aber was ihnen tatsächlich fehlt, sind Liebe und Mitgefühl für sich selbst. Sie fürchten, daß ihr Gegenüber ihnen dieselben Gefühle entgegenbringt, die sie für sich empfinden, nämlich Abneigung, Ärger und Aggression. Folglich projizieren sie diese Gefühle in andere Menschen hinein.

Einer unserer größten Fehler ist es, wenn wir von

uns auf andere schließen und glauben: »Wenn ich so fühle, dann muß jeder andere genauso fühlen.« Dabei mangelt es an der Erkenntnis, daß andere völlig anders empfinden können. Weil wir selbst so im Mittelpunkt unserer Wahrnehmung stehen, ziehen wir diese Möglichkeit nicht in Betracht. Wenn wir unsere eigene Abneigung, Zurückweisung und unseren Groll so auf andere projizieren, dann sind wir tatsächlich äußerst schwer zugänglich.

Eine andere Bedeutung von »zugänglich« ist, Kritik zu akzeptieren und nicht wütend zu werden, wenn unserem »Ich« nicht geschmeichelt und es nicht bestätigt wird. Das kann eine ziemlich schwierige Herausforderung sein. Wenn von uns selbst Kritik ausgeht, dann müssen wir uns über unsere Motivation ganz klar sein und sehr sorgsam damit umgehen. Es ist sicher nutzlos, wenn wir uns impulsiv zu Kritik an anderen hinreißen lassen. Wir müssen dafür die rechte Zeit wählen – die Zeit, wo unser Gegenüber gewillt ist, zuzuhören, und wir von unpersönlicher, bedingungsloser Liebe für den anderen erfüllt sind, ohne die Spur einer urteilenden Haltung.

Die bekannte Stelle aus der Bergpredigt drückt dies sehr schön aus:

»Was siehst du aber den Splitter in
deines Bruders Auge und nimmst nicht
wahr den Balken in deinem Auge?«

(Matth. 7, 3)

Unsere jeweilige Einstellung ist leicht erkennbar, nicht allein an den Worten, die ja nur ein kleiner Teil unserer Kommunikation sind, sondern ebenso an der Körpersprache, dem Klang der Stimme, dem Gesichtsausdruck und vor allem an dem Gefühl, das wir ohne unser willentliches Zutun ausstrahlen. Dieses Gefühl – unsere »Schwingungen«, wie man heutzutage sagt – hängt ganz von der Stärke und Reinheit unseres Charakters ab, und wenn wir glauben, wir könnten dies verdecken, dann irren wir uns gehörig.

Die Fähigkeit, Kritik zu vertragen, ist ein wesentliches Merkmal von Zugänglichkeit. Auch der Buddha mußte gelegentlich seine Jünger kritisieren. Es war beispielsweise gar nicht ungewöhnlich, daß er zu seinem Vetter Ānanda, der 25 Jahre lang auch sein Aufwärter war, sprach: »Sage das nicht, Ānanda!«, wenn dieser eine falsche Anschauung von sich gegeben hatte. In der Regel erwiderte Ānanda dann sinngemäß: »Würde mir der Erhabene bitte den rechten

Weg darlegen?« denn Ānanda war leicht zugänglich. Das war oft dann Anlaß für eine Lehrrede – und viele der Lehrreden des Buddha waren ursprünglich an Ānanda gerichtet.

Wir wissen, daß manche Kinder leicht korrigierbar, andere dagegen rasch wutentbrannt sind, sobald ihre Egos keine Unterstützung mehr erhalten. Oft überlegen es sich die Eltern solcher Kinder zweimal, bevor sie diese tadeln, weil sie deren launische Wutanfälle fürchten. Auch wir haben unsere Kindheit häufig noch nicht sehr weit hinter uns gelassen. Viele Erwachsene sind unfähig, mit Kritik umzugehen. Ihre Egos revoltieren. Wenn wir diese Fähigkeit jedoch nicht lernen, versperren wir uns den spirituellen Pfad, und unser Fortschritt kommt zum Stillstand. Wir müssen lernen, das »Ich« lange genug zurücktreten zu lassen, so daß wir keine Unruhe mehr verspüren und wirklich in uns aufnehmen können, was zu uns gesagt wird. Jede innere Unruhe geht vom Ego aus.

Wenn wir kritisiert werden, sollten wir versuchen, still und friedvoll zuzuhören und erst danach untersuchen, ob die Kritik begründet ist oder von einem Standpunkt aus erfolgt, der nicht alle maßgeblichen Umstände in Betracht zieht. Wenn sie begründet ist, sollten wir dankbar für diese Lernsituation sein.

Wenn sie aber etwas nicht bedacht oder sogar einen Gesichtspunkt verdreht hat, dann suchen wir vielleicht eine Gelegenheit für eine weitere Erörterung, damit wir ein gegenseitiges Einvernehmen erreichen können.

Wenn wir es schaffen, uns diese Fähigkeit anzueignen, die ihre Quelle in innerer Demut hat, dann haben wir sehr gute Chancen auf dem spirituellen Pfad. Ausreichende Demut für die Erkenntnis, daß wir nicht alles wissen und daß andere manches besser verstehen als wir selbst, macht uns »zugänglich« und »leicht ansprechbar«. Ohne diese Demut wird der Pfad hart und steinig sein, denn von ihr ist die Qualität unseres Lebens und unseres inneren Daseins in hohem Maße abhängig.

Die Fähigkeit, leicht »zugänglich« zu sein, schafft inneren Frieden. Solange wir ärgerlich sind, voller aufgewühlter Emotionen und negativem Denken, werden wir niemals leicht ansprechbar und gewiß nicht friedfertig sein. Aber in dem Maße, in dem wir diese Fähigkeit in uns entwickeln, wächst der innere Frieden, der uns wiederum zu einem liebevollen Herzen führt. Es ist unmöglich, ein liebevolles Herz in uns zu entfalten, wenn wir damit beschäftigt sind, unser Ego zu verteidigen.

6. Sanftmütig

»Sanftmütig« ist das Gegenteil von aggressiv. Sanftheit entsteht, wenn wir uns aus der richtigen Perspektive betrachten – als Teil des Ganzen. Das klingt selbstverständlich, aber dennoch empfinden sich die meisten Menschen als der Mittelpunkt von allem Geschehen. Sie betrachten die Welt um sich herum wie die Kulisse eines Theaterstücks, in dem die anderen Menschen untergeordnete Nebenrollen und sie selbst die Hauptrolle spielen.

Wenn wir uns als Teil des Ganzen betrachten, heißt das nicht, daß wir uns wie ein Fußabtreter verhalten und anderen gestatten, sich uns gegenüber rücksichtslos zu benehmen. Das wäre nicht »sanftmütig«, sondern töricht, und der Buddha hat niemals befürwortet, daß wir uns wie Narren verhalten. Aber mit der rechten Betrachtungsweise werden wir weniger dazu neigen zu glauben, daß das, was wir denken, stimmen muß, nur weil wir es sind, die so denken. Solche Selbstbehauptung ist alles andere als sanft. Im Gegenteil, sie kann zu Aggressivität führen.

Wir alle haben aggressive Neigungen, sie sind Teil des menschlichen Wesens. Der Buddha lehrte, daß in jedem Menschen sechs geistige Zustände vorhanden sind, genannt die sechs Wurzeln. Drei von ihnen sind heilsamer Art: Freigebigkeit, Liebe und Weisheit. Und drei von ihnen sind unheilsamer Art: Gier, Haß und Verblendung. Es erfordert unsere unablässige Bemühung, das Unheilsame mit dem Heilsamen zu ersetzen, und es braucht auch durchgreifende Einsicht. Wenn wir unsere in Haß wurzelnde Aggression nicht erkennen, wie könnten wir sie dann ändern? Wenn wir unsere negativen Reaktionen und Emotionen unterdrücken und vortäuschen, daß sie nicht existieren, dann werden sie zu ständigen, unterschwelligen Tendenzen, immer bereit, aufzukommen und uns zu überwältigen. Wenn wir sie aber einmal ohne Selbsttadel erkannt haben, dann haben wir einen großen Schritt getan, um sie zu verändern.

Aggressionen sind nicht nur physischer Natur. Der Gedanke geht der Tat voraus. Auch Sanftmut hat ihren Ursprung im Geist. Erst wenn wir die Tatsache begreifen, daß viel mehr im Universum existiert, als uns ins Auge fällt, können wir ein wenig sanftmütiger werden und unsere Aggressivität in Fragen verwandeln. Es ist vollkommen berechtigt, wenn wir vieles in Frage stellen, was wir sowohl in uns selbst als auch in der Außenwelt vorfinden. Einer unserer großen Fehler besteht darin, Dinge für bare Münze zu nehmen, hinter denen sich eine ganz andere Wirklichkeit verbirgt und unter dieser nochmals eine weitere.

Unsere Sanftmut manifestiert sich in der Weise, wie wir die uns umgebende Schöpfung betrachten. Jesus gebrauchte dafür gleichfalls das Wort sanftmütig.

»Selig sind die Sanftmütigen;
denn sie werden das Erdreich besitzen.«
(Matth. 5, 5)

Dies beinhaltet eine Haltung der Harmlosigkeit. Die »Goldene Regel« formuliert es so: »Was du nicht willst, was man dir tu', das füg auch keinem anderen zu!«

Aggression schadet nicht nur anderen, wir schädigen uns auch selbst. Je mehr wir uns behaupten wollen, um so weniger friedvoll werden wir sein. Wir befürchten ständig, daß unser Geltungsbedürfnis in Frage gestellt werden könnte. Da Geltungsdrang untrennbar mit Ego-Anmaßung verbunden ist, geraten wir damit in die furchterregende Situation, daß unser »Ich« keine Bestätigung findet.

Häufig richten wir unsere Aggressionen auch gegen uns selbst in dem Gefühl, es sei in Ordnung, uns selbst gegenüber keine Nachsicht walten zu lassen. Wir brauchen aber im Gegenteil Mitgefühl für dieses Wesen, das wir »Ich« nennen, mit seinen ewigen geistigen und körperlichen Nöten. Wenn wir nicht milde und harmlos uns selbst gegenüber sind, wie können wir dann diese Gefühle anderen gegenüber haben? Wir meinen vielleicht, daß wir bereits sanftmütig sind, aber diese Ansicht ist häufig nur ein intellektuelles Konzept. Immer wieder werden andere in einer Weise auf uns reagieren, die uns ganz deutlich zeigt, daß wir selbst zuvor schroff gewesen sind. Nur wenn wir aus einem mitfühlenden Herzen heraus handeln und sprechen, werden wir von anderen die gleiche Erwiderung bekommen.

Ich habe oftmals Gespräche, die ich in Asien führte, mit solchen verglichen, die ich im Westen geführt habe. Nicht, daß die Menschen gescheiter, besser oder intelligenter gewesen wären. Aber im Westen spielen sich unsere Gespräche viel mehr von »Kopf zu Kopf« ab, während die Gespräche in Asien viel häufiger von »Herz zu Herz« stattfinden. Dies schafft eine Atmosphäre gegenseitiger Akzeptanz und Toleranz, in welcher niemand versucht, sich vor dem anderen zu profilieren. Im Westen versuchen wir oft, uns selbst oder anderen zu beweisen, wie wichtig wir sind und daß wir besser Bescheid wissen.

»Sanft« zu sein ist eine Frage der Bewußtheit. Zum Beispiel wissen wir, daß wir unsere Umwelt und andere Lebewesen, die ein Teil unseres ökologischen Systems sind, nicht schädigen sollen. Trotzdem können wir das in gewissem Maße nicht vermeiden, weil dies eine innewohnende Eigenschaft alles Lebenden ist. Auf dieser groben Ebene des Daseins ist es oft der einzige Weg zu überleben. Aber durch Achtsamkeit können wir diesen Schaden auf ein Minimum reduzieren. Es ist notwendig, dieselbe Achtsamkeit auch auf all unsere Denkprozesse anzuwenden: »Was ist meine Absicht? Wieso glaube ich, daß ich recht habe und der andere im Unrecht ist? Was will ich beweisen?«

Wenn wir schon einige Zeit meditiert haben, dann fühlen wir einen inneren Schmerz, wenn gegen die Sanftmut verstoßen wird, und wir merken in zunehmendem Maße, ob wir Harmonie in unserer Umgebung schaffen oder nicht.

Es sind nicht nur Vögel, Tiger und Bäume in ihrem Fortbestand bedroht. Wir selbst sind die bedrohteste Spezies. Nicht nur, weil wir die Natur um uns herum in ihrem Ablauf gestört haben, sondern auch, weil wir nicht im Einklang miteinander leben. Wir leben auf einem sehr kleinen Planeten, der von Menschen überfüllt ist, und wo immer Selbstbehauptung und Aggression den Ton angeben, herrscht Unstimmigkeit. Wir können also sehen, daß Sanftmut und Milde nicht nur leere Worte sind. Sie sind eine umfassende Übung, unsere inneren Reaktionen und unsere äußeren Handlungen nach ihrem Maßstab auszurichten.

7. Leicht befriedigt

Die meisten Menschen sind nicht »leicht befriedigt«. Sie meinen, daß ihr Leben besser sein sollte und daß sie noch mehr von allem haben müßten. Insbesondere denken sie, daß andere Menschen besser sein sollten. Wenn wir jedoch ein tiefes Stadium der Meditation erreicht haben, dann stellen wir fest, daß Zufriedenheit völlig von unserer Wunschlosigkeit abhängt. Wie logisch dies doch ist und wie schwer zu verwirklichen!

Das Tor zur Erleuchtung durch die Erkenntnis von »Dukkha« wird auch als die »wunschlose Befreiung« bezeichnet. Wenn wir nichts mehr begehren, kommt »Dukkha« zum Ende. Dies ist natürlich ein hohes Ideal. Wir brauchen einen Pfad, der zu dieser Vollkommenheit führt, und der erste Schritt auf diesem Pfad ist das Betrachten unserer eigenen Unzufriedenheit und das Erkennen der Ursachen. Diese können sehr geringfügig sein, aber sie sind immer damit verbunden, daß wir mit dem Lauf der Dinge nicht einverstanden sind. Dies mag sich um andere Menschen, um Situationen oder um unsere eigene Lebensweise handeln. Was es auch sein mag, wir wünschen es uns anders. Das ist wie das Bauen eines Staudamms in einem Strom. Wenn ein Bach reibungslos fließt, dann gibt es keine Turbulenzen. Wenn uns jedoch sein Lauf nicht paßt und wir versuchen, ihn aufzustauen, dann rufen wir sofort Aufruhr hervor. Genauso ist es in unserem Inneren.

Das heißt nicht, daß wir die Fähigkeit verlieren, zwischen Gut und Böse zu unterscheiden. Wir sollten immer versuchen, das Heilsame zu tun, aber nicht mit dem leidenschaftlichen Engagement: »Es muß so sein und nicht anders!« Wir haben nur einen beschränkten Einblick in einen winzigen Teil der Schöpfung, und wir wissen tatsächlich nicht genau, warum die Dinge so sind, wie sie sind. Wir sind nur

Gäste auf diesem Planeten, und unser Gastspiel hier ist äußerst kurz bemessen.

»Leicht befriedigt« heißt, uns wohl zu fühlen in unserer Umgebung, mit den Menschen, mit denen wir zusammenleben, mit unseren Fähigkeiten und mit unserem Körper, selbst wenn er krank ist. Dies ist nichts Besonderes, denn jeder Körper erkrankt ab und zu. Manchmal wird er wieder gesund und manchmal nicht. Es ist eine Frage unserer Zufriedenheit mit unserem Dasein insgesamt, mit unserem Platz in dieser Schöpfung.

Dies bedeutet nicht, daß wir uns selbst für etwas Besseres als andere halten. Im Gegenteil – Befriedigung erwächst aus Demut. Was auch immer wir besitzen, es ist mehr als genug. Soweit es sich um materielle Güter handelt, können wir sogar einiges den Bedürftigen geben. Diese Haltung schafft ein Gefühl der Harmlosigkeit, denn je weniger wir anhäufen, desto weniger muß hergestellt werden und desto weniger wird die Umwelt geschädigt. Mit wenigem zufrieden zu sein, verringert den Selbstbehauptungsdrang. Dies ist ein deutlicher Weg, zu erkennen, daß das »Ich«, das wir so sehr hegen, ständig darum bemüht ist, sich auf jede erdenkliche Art und Weise zu vergrößern. Es behauptet sich gern durch Gedanken,

Worte und Taten und durch die Anhäufung von immer mehr weltlichen Gütern.

In unserer Gesellschaft herrscht der Glaube, daß Menschen, die viel besitzen, auch viel bedeuten. Das ist natürlich absurd. Sollte jemand glauben, daß dies stimmt, dann sollte derjenige einmal mit einem sehr reichen Menschen sprechen und herausfinden, ob dieser wirklich leicht zufrieden ist. Der Besitz vieler Dinge weckt gewöhnlich den Wunsch nach mehr, oder er verursacht Unzufriedenheit, weil wir bemerken, daß keines der erworbenen Güter sein Versprechen halten konnte, uns glücklich zu machen.

Wenn wir mit wenigem auskommen können, dann sollten wir nicht stolz darauf sein. Wir erinnern uns bestimmt daran, daß »nicht stolz sein« eine der Fünfzehn Fähigkeiten ist, die der Buddha erwähnte, um den Herzensfrieden zu verwirklichen. Stolz ist auch nur eine Art von Selbstbehauptung. Es gibt unendlich viele Fallen, in die wir tappen können!

»Leicht befriedigt« sein drückt sich in jedem einzelnen Moment aus. Jetzt, und nicht erst nach dem nächsten Schritt, den wir auf unserer Lebensreise machen. Wenn wir im Bewußtsein jedes Augenblikkes leben, erkennen wir, daß jeder Moment, in dem wir vollkommen gegenwärtig sind, ohne Anfang und ohne Ende und daher ewig ist. Mit dieser Erkenntnis nehmen unsere Begierden immer mehr ab.

Jesu Worte sind fast identisch mit dem, was der Buddha sagt:

> »Darum sorgt nicht für morgen,
> denn der morgige Tag wird für
> das Seine sorgen. Es ist genug, daß
> jeder Tag seine eigene Plage hat.«
> *(Matth. 6, 34)*

8. Zufrieden

Zufriedenheit ist eng verknüpft mit »leicht befriedigt« zu sein. Die meisten Menschen glauben, daß sie leicht zufriedenzustellen sind. Wir benötigen ein hohes Maß an Selbsterkenntnis, um zu erkennen, wie häufig das nicht stimmt. Es mögen äußere Umstände sein, mit denen wir nicht zufrieden sind, beispielsweise das Wetter, oder es kann etwas in unserem Inneren sein. Sehr häufig meinen wir, wir müßten gescheiter sein oder besser aussehen oder daß wir fähiger sein sollten. Ob es das schlechte Wetter oder unsere eigene Erscheinung ist, macht keinen

Unterschied. Unzufriedenheit ist immer negativ, kritisch und tadelnd.

Unzufrieden zu sein bedeutet, daß uns etwas fehlt. Natürlich stimmt das, aber das sollte kein Grund sein, um unglücklich zu werden. Vielmehr sollte es uns zum Üben anspornen. Das ist der ganze Unterschied zwischen einem praktizierenden und einem nicht praktizierenden Menschen. Wir alle haben die gleichen Probleme, obwohl wir ihnen verschiedene Namen geben. Doch derjenige, der von ganzem Herzen einem spirituellen Pfad hingegeben ist, weiß, daß die Praxis den Unterschied macht, während sich der andere einfach dieser Unzufriedenheit überläßt.

Unzufriedenheit schafft Unruhe. Wir versuchen, die äußeren Verhältnisse zu verändern, was sogar für eine kurze Weile zu helfen scheint.

Wir wechseln unseren Beruf oder die Menschen, mit denen wir zusammenleben. Manchmal wechseln wir auch das Land, unsere spirituelle Praxis oder unseren Lehrer; was uns gerade in den Sinn kommt. Aber diese äußeren Veränderungen behandeln nicht die inneren Ursachen unserer Ruhelosigkeit. Sobald die Neuerung zur Gewohnheit geworden ist, stehen wir wieder der gleichen Unzufriedenheit gegenüber, und je häufiger wir die äußeren Dinge ändern, desto mehr wächst unsere Rastlosigkeit.

Zweifellos weisen die folgenden Worte Jesu in dieselbe Richtung:

> »Wer ist unter euch, der seines Lebens
> Länge eine Spanne zusetzen könnte, wie
> sehr er sich auch darum sorgt? Und
> warum sorgt ihr euch um die Kleidung?
> Schaut die Lilien auf dem Feld an,
> wie sie wachsen: sie arbeiten nicht,
> auch spinnen sie nicht.«
>
> *(Matth. 6, 27–28)*

Zu erkennen, daß wir unzufrieden sind, ist ein erster Schritt. Jeder, der nicht erleuchtet ist, kann keine volle Zufriedenheit empfinden, schon darum, weil unsere Gefühle ständig im Fluß sind und wir uns mit ihnen identifizieren. Unser Wünschen und Verlangen sind Ausdruck davon, daß in unserem Inneren etwas fehlt, etwas, das wir nicht von der Außenwelt bekommen können. Zufriedenheit muß aus unserem inneren Wesen kommen.

Solange wir diese zentrale Wahrheit nicht begriffen haben, werden wir weiter außerhalb von uns selbst suchen und glauben, daß Zufriedenheit durch angenehme Sinneskontakte entsteht. Aber die Welt ist, wie sie ist. Unsere Sinneskontakte sind, wie sie sind, einige sind angenehm und andere sind unangenehm. Wenn wir immer weiter nach besseren und verfeinerten Sinneskontakten suchen, dann wird uns die Zufriedenheit vollständig verlassen.

Hier mag es hilfreich sein, sich zu veranschaulichen, was tatsächlich geschieht, wenn Sinneskontakte stattfinden. Abgesehen vom Denken kommen sie alle durch den Körper zustande: durch Augen, Ohren, Geschmacksnerven, Nase und Tastsinn. Aber der Körper kann sie nicht deuten und erklären. Betrachten wir zum Beispiel unser Hörorgan, das Ohr. Es nimmt einen Ton auf, aber das ist auch alles, wozu es fähig ist. Damit sind seine Möglichkeiten bereits erschöpft. Es ist der Geist, der erkennt, ob ein Lastwagen, ein Vogel oder der Wind in den Bäumen dieses Geräusch verursacht hat. Selbst dieser Vorgang hängt von unserem Hintergrund und unserer Erziehung, von unserer ganzen persönlichen Lebenssituation ab. Wenn wir noch niemals etwas von einem Lastwagen gehört haben, dann wird auch das Wort und seine Bedeutung nicht in uns aufsteigen.

Es ist der Geist, der reagiert und der die Sinneskontakte als »angenehm« oder als »unangenehm« etikettiert. »Das mag ich. Ich möchte mehr davon.« oder »Dies ist sehr unangenehm. Ich möchte es loswerden.« Je mehr Energie wir in diese Reaktionen stecken, desto weniger sind wir mit dem gegenwärtigen Moment, so wie er wirklich ist, zufrieden. Es ist völlig ausgeschlossen, daß wir die ganze Zeit nur angenehme Sinneskontakte haben. Wenn wir unsere Zeit und unsere Geschicklichkeit überwiegend dazu benutzen, nach der Befriedigung unserer Sinne zu suchen, dann werden wir wahrscheinlich einigen Erfolg dabei haben, aber ist dies wirklich ein erstrebenswertes Lebensziel?

Es bietet sich unserem Geist und Bewußtsein doch weit mehr als nur die Reaktion auf unsere Sinneskontakte. Der Buddha bezeichnete das Glück auf der Sinnesebene als die gröbste Möglichkeit des Glücklichseins. Dennoch ist dies die Ebene, mit der die meisten Menschen sich beschäftigen. Auch das Denken gehört zu dieser Ebene. Wir versuchen, durch Phantasieren, Träumen und Hoffen oder durch die Bestätigung unserer Illusionen glücklich zu werden.

Wenn wir unsere unaufhörliche Suche nach Sinnesbefriedigung etwas vermindern und lernen, uns leichter zufriedenzugeben, dann werden wir herausfinden, daß unser Alltag viel reibungsloser verläuft und unser Gefühl inneren Friedens sich verstärkt.

9. Nicht zu geschäftig

Die Verstrickung in zuviel Geschäftigkeit und Aktivität macht unseren Geist unruhig. Es scheint, als ob zu viele Anforderungen an unsere Zeit gestellt werden und wir über alles nachdenken müßten: über unseren Job, unser gesellschaftliches Leben, Besuche, die zu machen sind, die Erziehung unserer Kinder, Mitarbeit bei Komitees oder vielleicht die Pflege unseres Gartens; die Liste ist endlos. Es ist völlig ausgeschlossen, daß wir den Herzensfrieden in uns verwirklichen, wenn wir in solch einen Wirbelsturm von Aktivität verwickelt sind.

Aber wieviel davon ist wirklich notwendig, und wie viele der Beschäftigungen dienen einzig als Mittel, um »Dukkha« zu vermeiden? Und wie oft sind sie ein Versuch, uns selbst zu beweisen, daß wir jemand sind? Es ist äußerst hilfreich, unsere täglichen Aktivitäten genau zu untersuchen und uns zu fragen: »Warum mache ich das? Wovor versuche ich zu flüchten? Was plagt mich wirklich?« Natürlich müssen wir unseren Verpflichtungen nachkommen und verantwortungsbewußt handeln – dies hat der Buddha stets betont – aber ist die ununterbrochene Geschäftigkeit von morgens bis abends wirklich fruchtbar?

Die Qualität unseres Lebens verringert sich, wenn wir uns nicht die Zeit nehmen, nach innen zu schauen. Wir brauchen dafür täglich mindestens eine Stunde ganz für uns selbst oder zweimal eine halbe Stunde, je nachdem, wie wir es einrichten können. Die Innenschau versorgt uns mit spiritueller Nahrung. Wenn wir sehr beschäftigt sind, glauben wir, keine Zeit für die Meditation zu haben. Wir sollten uns dann unverzüglich die Frage stellen, ob wir Zeit haben, um zu essen! Wenn wir Zeit haben, uns um unseren Körper zu kümmern, dann können wir uns auch die Zeit nehmen, für unser geistiges Wohlergehen zu sorgen. In uns ruht eine wahre Schatzkiste voller Liebe und Mitgefühl, voll absoluter Wahrheit, die nur darauf wartet, geöffnet zu werden. Aber wenn wir zu »geschäftig« sind, dann haben wir keine Zeit, sie aufzuschließen. Dies vermag nur ein zur Ruhe gekommener Geist, ein Geist, der weiß oder zumindest ahnt, daß etwas im Inneren zu finden ist, das weit über das hinausgeht, was wir in der Welt erreichen können.

Hier begegnen wir einer weiteren Anweisung von Jesus, die uns aufhorchen und aufmerken lassen sollte:

> »Darum sage ich euch: Sorgt nicht
> um euer Leben, was ihr essen und
> trinken werdet; auch nicht um euren
> Leib, was ihr anziehen werdet.«
>
> *(Matth. 6, 25)*

Wenn wir dies erkennen, dann werden wir versuchen, zwischen notwendigen Aktivitäten und solchen zu unterscheiden, die nur dazu dienen, unsere Tage zu füllen. Wir werden mehr darauf achten, was wir tun und warum wir es tun. Je achtsamer wir werden, desto leichter wird es uns fallen, die Aufgaben zu erfüllen, die erforderlich sind. Unser Leben wird weniger anstrengend. Alles fließt reibungsloser, wenn wir Objektivität in unser Leben einbauen, was die Kunst des reinen Beobachtens ist.

10. Genügsam

Genügsamkeit ist nicht gleichbedeutend mit Knauserigkeit. Genügsam zu sein bedeutet zum Beispiel, daß wir vor dem Respekt haben, was andere produziert oder angefertigt haben. In den industrialisierten Ländern ist zuviel zu leicht erhältlich, und das Ergebnis ist unsere Wegwerfgesellschaft. Die meisten Menschen können das bekommen, was sie haben wollen und wann sie es haben wollen. Demzufolge behandeln sie materielle Güter weder mit Respekt noch mit Dankbarkeit.

Beides sind jedoch wichtige Herzensqualitäten, und sie können sogar für etwas so Simples und Gewöhnliches empfunden werden wie die eigene Armbanduhr. Normalerweise kommt uns so etwas kaum in den Sinn. Eine Armbanduhr ist für wenig Geld an jeder Straßenecke zu kaufen, und alles, was wir vielleicht noch brauchen, ist eine kleine Batterie, die später auch fortgeworfen werden kann. Vor hundert Jahren war der Besitz einer Armbanduhr etwas anderes. Nicht, daß hier die »gute alte Zeit« heraufbeschworen werden soll; die Menschen waren damals genauso unglücklich wie heute. Aber seinerzeit gab es noch nicht einen solchen Überfluß an materiellen

Gütern, und die Menschen gingen mit ihren Habseligkeiten sorgsamer um.

Seine Sachen in Ordnung zu halten und sie so lange wie möglich zu benutzen heißt, genügsam zu sein und ein einfaches Leben zu führen. Es gibt eine buddhistische Ordensregel für Nonnen und Mönche, die besagt, daß Roben, die alt und unansehnlich geworden sind, als Sitzunterlagen weiterbenutzt werden sollen. Wenn sie dafür dann auch zu abgenutzt sind, soll man sie dazu verwenden, die Füße abzutreten, wenn man die Meditationshalle betritt. In unserer Kultur war Vergleichbares früher auch noch üblich. Ob sich wohl heutzutage zum Beispiel noch jemand daran erinnert, wie man Bettlaken »stürzt«? Da die Mitte eines Bettlakens viel schneller verschleißt als der Rest, wurden in fast jedem Haushalt bei Bedarf die Bettlaken in der Mitte auseinandergeschnitten und die äußeren Längsseiten wieder zusammengenäht, um eine neue Mitte zu bilden. Wer würde sich heutzutage noch diese Mühe machen, um die Lebensdauer eines Bettlakens zu verlängern?

Es ist nicht allein eine Frage des Wohlstands. Respekt und Dankbarkeit für materielle Werte sind einfach im Bewußtsein unserer ganzen Gesellschaft nicht mehr vorhanden. Einer der Gründe dafür ist, daß wir so häufig umziehen, unseren Wohnort wechseln, von einem Landesteil zum anderen ziehen. Wir haben keinen Sinn mehr für die Dauerhaftigkeit, dafür, daß Dinge eine Weile halten sollen. Das Gefühl, daß alles ersetzbar ist, führt zu einem Mangel an Respekt selbst der Natur gegenüber, die nur als ein weiterer Gebrauchsgegenstand angesehen wird. Wir vergessen dabei ganz, daß sie lebendig ist und unser Verhalten Konsequenzen nach sich zieht. Diese Einstellung fügt unserem Planeten unermeßlichen Schaden zu.

Genügsamkeit ist ein Weg, alles, was wir benutzen, mit Achtsamkeit zu begleiten. Es mag so erscheinen, als gäbe es auf dieser Erde unerschöpfliche Natur- und Bodenschätze, aber es gibt auch eine Bevölkerungsexplosion. Nicht mehr anzuhäufen als wir brauchen, und das, was wir haben, bis zum letzten Moment zu benutzen, damit sichern wir für andere ab, daß sie nicht leer ausgehen.

Wenn wir uns ferner über die ganze Anstrengung und die harte Arbeit im klaren sind, die andere in die Herstellung der Gegenstände, die wir benutzen, gesteckt haben, dann werden wir ihnen gegenüber Dankbarkeit empfinden, und dies wiederum bringt Freude in unsere Herzen. Es ist erstaunlich, für wie vieles wir dankbar sein können, und wie wenig wir uns daran erinnern. Je dankbarer wir für unsere Gesundheit, für das Funktionieren unserer Sinne, für unsere Freunde und für unsere Nahrung sind, um so weniger werden wir uns um das sorgen, was wir nicht haben, und um so leichter wird es uns fallen, bedürfnislos zu sein.

Die Bergpredigt rückt die spirituelle Dimension unserer materiellen Bedürfnisse in den Vordergrund:

> »Trachtet zuerst nach dem Reich Gottes
> und nach seiner Gerechtigkeit, so wird
> euch das alles (materielle Güter) zufallen.«
>
> *(Matth. 6, 33)*

11. Die Sinne still

Unsere Sinne sind unser Kontakt mit der Welt: Sehen, Hören, Riechen, Schmecken, Berühren, und – nach der Lehre des Buddha – als sechster Sinn: das Denken. Die meisten Menschen betrachten ihre Sinne als Eintrittskarte ins Glück, während sie in Wirklichkeit nur unsere Mittel zum Überleben sind. Diese Unterscheidung ist wichtig, denn ohne dies begriffen zu haben, werden wir weiter glauben, daß Sinnesbefriedigung uns Zufriedenheit bringen kann, und der innere Friede wird sich uns weiter entziehen.

Unsere Suche nach Glück durch die Sinne versetzt uns in einen Zustand ständiger Erregtheit. Kaum haben wir ein Verlangen befriedigt, kommt bereits das nächste auf, das wiederum zur Erinnerung verblaßt und einem neuen Platz macht, sobald wir es befriedigt haben. Ist das eine sinnvolle Art zu leben?

»Wonach du sehnlich ausgeschaut,
Es wurde dir beschieden.
Du triumphierst und jubelst laut:
Jetzt hab ich endlich Frieden!
Ach, Freundchen, rede nicht so wild,
Bezähme deine Zunge!
Ein jeder Wunsch, wenn er erfüllt,
Kriegt augenblicklich Junge.«

Wilhelm Busch

Das will nicht heißen, daß wir keine angenehmen Sinneskontakte haben sollen; sie sind sowieso unumgänglich, da sie zum Menschsein gehören. Wir können durchaus gut essen, schöne Musik hören, uns an einem Waldspaziergang erfreuen und den Duft einer Rose genießen. Aber wenn wir einmal begonnen haben, ernsthaft zu praktizieren, dann begreifen wir, daß unsere unaufhörliche Suche nach Sinnesfreuden eine zwecklose Beschäftigung ist. Die Sinne zu beruhigen, ein einfaches Leben zu führen, genügsam zu sein – all dies weist in dieselbe Richtung. Es ist eine Aufforderung, loszulassen und mit dem zufrieden zu sein, was ist, und nicht fortwährend danach zu streben, noch ein bißchen mehr zu bekommen und festzuhalten.

Das geht uns selbstverständlich gegen den Strich. Unsere natürliche Neigung ist es, immer mehr und immer Besseres zu bekommen und auszuwechseln, was uns mißfällt. Aber wenn unser Verlangen nachläßt, die angenehmen Zustände festzuhalten und sie immer wiederholen zu wollen, dann werden wir feststellen, daß diejenigen, die wir erleben, von einer größeren Reinheit sind. Es geschieht zum Beispiel häufig, daß jemand nach einer tiefen und konzentrierten Meditation ins Freie geht und berichtet, daß das Grün viel grüner wirkt als sonst. Es ist jedoch nicht der Farbton, der sich geändert hat, sondern die Wahrnehmung des Menschen, der nicht mehr nach einem schönen Anblick gesucht hat.

Der Buddha verglich die Begierde nach Sinnesbefriedigung damit, verschuldet zu sein. Wenn wir zum Beispiel Schulden auf unserem Haus haben, dann müssen wir diese mit Zinsen monatlich bei der Bank abbezahlen. So ist es auch bei den Sinnen. Wenn wir bei ihnen »in der Kreide stehen«, dann müssen wir immer wieder nach neuen Genüssen suchen, weil die vergangenen uns nicht mehr befriedigen können. Wenn wir Glück haben, dann können wir die Schulden auf unserem Haus zurückzahlen, bevor wir sterben. Bei unseren Sinneskontakten wird uns das niemals gelingen. Hier müssen wir die Suche willentlich beenden.

Um die Sinne ruhigzustellen, müssen wir uns zunächst darüber klarwerden, was sie eigentlich sind: ein System zum Überleben und kein Vergnügungspark. In diesem Park unserer Einbildung bekommen wir zwar manchmal, was wir uns wünschen, oft aber auch nicht. Und wenn das geschieht, dann werden wir ärgerlich. Wenn wir hören, was wir nicht hören wollen, oder sehen, was wir nicht sehen wollen, dann geben wir dem Objekt die Schuld. Auf diese Weise werden wir niemals inneren Frieden finden. Unsere Sinne selbst sind daran nicht schuld. Es ist der Geist, der reagiert, Geschichten erfindet, der sich gestört fühlt. Wenn wir dies zulassen, dann fügen wir dem kostbarsten Juwel, das wir besitzen, Schaden zu.

Die Sinne zu beruhigen, ist solch ein wichtiger Punkt, daß der Buddha sich in zahllosen Lehrreden darauf bezog. Begierde erzeugt »Dukkha«, und solange wir uns erlauben, jeglicher Sinnesbegierde nachzugeben, wird unser Geist beständig in einem Zustand der Unruhe und Unzufriedenheit sein. Der erste Schritt auf dem Weg zur Beruhigung unserer Sinne ist, sich dieser Wahrheit bewußt zu werden.

In unserer Gesellschaft werden wir häufig mit spirituellen Lehren konfrontiert, die uns erklären, daß man dem Verlangen nach Sinnesbefriedigung nachgeben soll. Einer der Gründe, der dafür angeführt wird, ist, daß wir ihrer überdrüssig werden, wenn wir sie völlig auskosten. Sowohl der Buddha als auch Jesus vertreten unnachgiebig den Standpunkt, daß dies falsch ist.

In der Bergpredigt lesen wir dazu:

»Seht euch vor den falschen Propheten vor,
die in Schafskleidern zu euch kommen,
inwendig aber sind sie reißende Wölfe.
An ihren Früchten sollt ihr sie erkennen.
Kann man denn Trauben lesen von den
Dornen oder Feigen von den Disteln?«

(Matth. 7, 15–16)

Dies sind klare Ausführungen über Karma und seine Früchte, die wir in unserem Alltag im Gedächtnis lebendig erhalten sollten.

12. Klar der Verstand

Klarer Verstand bedeutet nicht, daß wir einen hohen Intelligenzquotienten besitzen oder belesener und informierter sein müssen als andere Menschen. Ein kluger Geist ist ein Geist, der Verbindungen herzustellen vermag. Es geht darum, daß wir unsere eigenen Handlungen verstehen, sehen, wie sie entstehen; die Beziehung zwischen unserem Verhalten und den zugrunde liegenden Tendenzen erkennen, das ist Intelligenz. Ohne unseren Verstand würden wir in einem Zustand blinder Identifikation mit unseren Instinkten verharren.

Im Ganzen gesehen tut die Menschheit genau das. Und deshalb ist die Welt so, wie wir sie kennen, mit ihren Kriegen, Grausamkeiten und Vergewaltigungen, Mißbrauch von Lebewesen und Natur. Es bedarf eines gewissen Maßes an Klugheit, um zu erkennen, daß wir uns aus diesem Geschehen befreien können, daß wir von unseren niederen Instinkten Abstand nehmen und uns von ihrer Herrschaft lösen können. Die Lehre des Buddha wird manchmal als elitär angesehen, weil der Buddha von intelligenten Menschen gesprochen und seine Mönche und Nonnen gelegentlich auch als Narren bezeichnet hat.

Gemeint ist hier jedoch die angeborene Intelligenz, der gesunde Menschenverstand, und nicht das Ausmaß der Bildung. Tatsächlich kann Bildung sogar ein Hindernis sein, denn sie kann uns, wie eine Gehirnwäsche, zu gewissen Denkweisen führen, mit denen es uns dann schwerfällt, offen zu sein für das, was wirklich geschieht, und die Verbindungen zu erkennen. Wir brauchen diese kluge Einschätzung, denn sie wird uns zu guter Letzt in die Lage versetzen, die Welt auf die Weise zu sehen, wie sie wirklich ist, was uns zur Freiheit von jeglichem *Dukkha* führt.

Dies erfordert jedoch eine andere Art der Wahrnehmung. Der erste Schritt besteht darin, unsere eigenen Aktionen und Reaktionen zu beobachten und ihre Ursachen zu erkennen. Wir neigen dazu, uns selbst zu entschuldigen und zu rechtfertigen, indem wir andere beschuldigen und kritisieren. Außerdem bemitleiden wir uns selbst. Selbstmitleid ist von großem Schaden für unser spirituelles Wachstum. Wir denken, daß wir zu kurz kommen und nicht erhalten, was uns zusteht. Woher wissen wir eigentlich, was uns zusteht? All dies ist die Welt unserer Einbildungen. Was wir tatsächlich bekommen, sind »karmische Resultate«, und nur wir selbst können sie umgestalten.

Mit einem klaren Verstand sind wir fähig, Dinge klar zu erkennen und Ursache und Wirkung miteinander in Beziehung zu setzen. Dadurch gewinnen wir Einsicht, die wiederum inneren Frieden schafft.

Jesus drückt die gleichen Richtlinien auf folgende Weise aus:

»Bittet, so wird euch gegeben;
suchet, so werdet ihr finden;
klopfet an, so wird euch aufgetan.«

(Matth. 7, 7)

13. Nicht dreist

Diese Eigenschaft hat vieles gemeinsam mit Sanftmut. »Dreist zu sein« bedeutet, unverfroren und selbstbehauptend zu sein, statt sich anpassen und hingeben zu können. In der Bergpredigt sagt Jesus:

»Und wenn jemand mit dir rechten
will und dir deinen Rock nehmen,
dem laß auch den Mantel. Und wenn
dich jemand nötigt, eine Meile mit-
zugehen, so geh mit ihm zwei.«

(Matth. 5, 40–41)

Der Buddha verglich diese Eigenschaft mit der Elastizität und Biegsamkeit eines Bambusrohrs. Wenn der Wind stark bläst, kann sich das Bambusrohr bis auf die Erde hinunterbiegen, ohne zu brechen. Sobald der Wind aufhört, kehrt es wieder unbeschädigt in seine aufrechte Position zurück. Wenn jemand unerbittlich und fordernd ist, unbedingt etwas von uns will, dann geben wir dem Drängen nach, denn alles, was wir haben, ist nur eine vorübergehende Leihgabe, die dem Wandel und der Vergänglichkeit unterworfen ist. Wenn jemand etwas Schlechtes tut, muß derjenige selbst früher oder später die Konsequenzen tragen. Wir brauchen nicht Richter und Schöffen zu spielen.

Die Menschen sind meist der Ansicht, daß dies eine schwierige Art sei, das Leben zu meistern, was aber in Wahrheit nicht zutrifft. Wenn wir mit dem Strom fließen, erschüttert uns nichts. Wir werden uns keine Feinde schaffen und werden uns wohlfühlen. Oft haben wir den Eindruck, daß wir uns schützen und verteidigen müssen, wenn andere Ansprüche an uns stellen. Der beste Schutz aber, den wir haben können, ist, uns nicht zu widersetzen, sondern einfach loszulassen. Widerstand ist immer schmerzhaft. Natürlich gibt es auch Zeiten, zu denen wir nicht nachgeben können. Aber wir sollten uns immer wieder fragen, ob es in bestimmten Situationen nicht doch das beste wäre. Nichts ist wichtiger als loszulassen. Wenn wir meditieren, müssen wir alles Denken, Planen, Hoffen, Wünschen und

Jemand-darstellen-Wollen loslassen. Je besser uns dies gelingt, um so leichter wird uns auch die Meditation fallen. Das gleiche gilt für den spirituellen Pfad insgesamt. Immer wieder geht es darum, die Beharrung auf unseren Ansichten und Meinungen und unser Anhaften an »Ich« und »mein« zu lockern. Darin liegt der wesentliche Unterschied zwischen spirituellen und materiellen Werten. Im gewöhnlichen Leben wollen wir Dinge bekommen: materielle Güter, Ruhm, Anerkennung, Sympathie; was immer es sein mag, was wir uns wünschen. In der spirituellen Praxis geht es um Loslassen. Nach und nach wird dies, wenn wir es wirklich machen, ein völlig neues Licht auf unser Leben werfen. Wir werden feststellen, daß es immer weniger gibt, worüber wir uns Sorgen zu machen brauchen, und eines Tages ist dann vielleicht »niemand« und »nichts« mehr davon übrig.

»Nicht dreist« ist sowohl eine innere Haltung wie auch eine Handlungsweise. Wie wir der Bergpredigt entnehmen können, ist dies sinnbildlich zu verstehen. Wir müssen nicht buchstäblich unser letztes Hemd weggeben, obwohl dies ebenfalls ein großes Verdienst wäre. Wir benutzen jedoch unsere innere Achtsamkeit dafür, das zu erkennen, was in unserem Alltag wirklich wichtig ist: nicht Errungenschaften, nicht Selbstbehauptung, sondern die Fähigkeit, zu geben und loszulassen.

14. Nicht gierig sei das Verhalten

»Gierig« sein ist ein Zustand, in dem man ständig nach etwas verlangt, was man nicht hat.

> »… sorgt nicht um euer Leben, was
> ihr essen und trinken werdet; auch
> nicht um euren Leib, was ihr anziehen
> werdet. Ist nicht das Leben mehr als
> die Nahrung und der Leib, mehr
> als die Kleidung?«
>
> *(Matth. 6, 25)*

In Jesu Worten hallen die des Buddha wider. Wenn wir Dinge begehren, wird das Leben zu einer ständigen Mühe, denn wir fühlen uns stets gezwungen, den Gegenstand unseres Verlangens auch zu bekommen. Wenn dies fehlschlägt, fühlen wir uns betrogen und sind voller Neid. Und wenn wir ihn erlangt haben, heißt das noch lange nicht, daß unser brennendes Verlangen dann gestillt ist.

»Niemand kann zwei Herren dienen:
entweder er wird den einen hassen
und den anderen lieben; oder er wird
an dem einen hängen und den anderen
verachten. Ihr könnt nicht Gott dienen
und dem Mammon.«

(Matth. 6, 24)

Die Botschaft ist in allen religiösen Lehren die gleiche: Solange uns das materielle Leben wichtig ist, mit all seinem Glanz und Glitzern, können wir uns dem spirituellen Pfad nicht voll hingeben. Der Buddha gebrauchte dafür nicht dieselbe Terminologie wie Jesus, aber immer wieder erwähnte er dieses wunderbare Geschenk eines menschlichen Lebens mit intakten Gliedern und Sinnen und der Möglichkeit, das wahre *Dhamma* zu üben. Wenn wir diese Gelegenheit nicht am Schopf ergreifen, vergeuden wir ein kostbares Menschenleben.

Wenn wir voller Begierden sind, dann beneiden wir andere um das, was sie haben oder tun, um ihre scheinbare spirituelle Tüchtigkeit und ihren Erfolg in anderen Bereichen. Das Gefühl des Neids beraubt uns der Fähigkeit, uns mit anderen zu freuen, was der einzige Weg ist, eine wahre Verbundenheit zu verspüren. Dies bedeutet, aufrichtiges Glück für die Erfolge anderer empfinden zu können. Wir sehen zum Beispiel jemanden, der zwei Stunden meditieren kann, ohne sich zu rühren, und unser Geist sagt: »Ich wünschte, ich könnte das auch. Dieser Mensch muß wirklich fortgeschritten sein. Ich kann mir kaum vorstellen, einmal selbst so weit zu kommen.« Hier spricht der neidische Geist. Statt dessen sollten wir uns sagen: »Ist das nicht wunderbar! Dieser Mensch sitzt ganz ruhig. Er muß wirklich sehr konzentriert sein. Ich freue mich für ihn.«

Es geht nicht darum zu heucheln. Dies wäre ein furchtbares Verhalten, und keine der Lehren des Buddha weist in eine solche Richtung. Aber ohne Freude in Herz und Geist werden wir nicht in der Lage sein zu meditieren. Das Universum selbst muß von Freude erfüllt sein. Wenn wir Freude in uns haben, dann strömt sie auch aus uns heraus. Wir vergessen ständig, daß nicht nur der materielle Abfall die Umwelt vergiftet, sondern daß unsere negativen Gefühle und Gedanken dies ebenso tun. Manchmal können wir das tatsächlich fühlen, wenn wir einem Menschen begegnen, bei dem dies deutlich spürbar ist.

Mitfreude ist die dritte der »göttlichen Verweilungsstätten« (Brahma Vihāras). Sie ist eine Fähigkeit, die Übung, aber auch Klugheit erfordert. Man benötigt Klarblick, um zu erkennen, wieviel Schaden Neid anrichten kann. Der Mensch, den wir beneiden, mag unsere Gefühle überhaupt nicht wahrnehmen; wir schaden damit nur unserem eigenen inneren Wesen. Neid ist ein heimtückischer Rost, der alles, womit er in Berührung kommt, zerfrißt.

Es mag sein, daß wir in unserem eigenen Leben nichts besonders Freudvolles erfahren. Wenn wir aber in der Lage sind, an der Freude anderer teilzunehmen, dann haben wir eine viel größere Chance, selbst dauerhafte Freude zu empfinden. In dem gleichen Maße, mit dem wir die Leistungen und Fähigkeiten, das Wissen und die Fürsorge anderer schätzen lernen, wird sich unsere Kritik an dem, wozu sie noch nicht imstande sind, verringern.

Neid ist ein weitverbreitetes und leicht entfachtes Gefühl. Sein »naher Feind« ist die Heuchelei, die all unsere kleinen gesellschaftlichen Notlügen umfaßt. Es kann passieren, daß Bekannte von uns Glück haben und wir fühlen, daß wir ihnen gratulieren müßten. Aber insgeheim denken wir vielleicht: »Ich weiß nicht, warum ausgerechnet ihnen immer alles zufällt. Warum geht das bei mir nicht genauso?«

Wir mögen uns einreden, daß daran nichts Schlechtes sei und daß unsere unaufrichtigen Glückwünsche einfach zum guten Ton gehören, und doch schaden wir uns damit selbst und machen schlechtes Karma.

Wenn wir derartig neidische Gefühle verspüren, dann können wir versuchen, unsere Haltung dahingehend zu ändern, daß wir wahrhaftig Freude mit unseren Mitmenschen erleben. Solange aber unsere Gedanken um uns selbst kreisen und wir nur um unser eigenes Wohl besorgt sind, wird dies schwierig umzusetzen sein, aber jedenfalls der Bemühung wert.

15. Auch nicht im Kleinsten gäbe es ein Vergehen, wofür uns Weise tadeln könnten

Dieser Satz bezieht sich auf die fünf buddhistischen Tugendregeln. Die erste Tugendregel handelt davon, keine Lebewesen zu töten, sondern statt dessen Liebende Güte und Mitgefühl zu üben.

Die zweite bezieht sich darauf, nichts zu nehmen, das einem nicht freiwillig gegeben wird, sondern statt dessen Freigebigkeit zu üben. Großzügigkeit steht an der Spitze aller Tugenden, weil es der leichteste Weg ist, die Selbstbezogenheit zu vermindern, die wir im Umgang mit unseren Mitmenschen an den Tag legen. Sie ist auch im Geschäftsleben wichtig, wo Menschen oft unredliche Methoden anwenden, wie z.B. Rechnungen nicht pünktlich bezahlen oder übermäßige Gewinne aus Verkäufen erwirtschaften. All dies soll vermieden werden.

Die dritte Tugendregel bezieht sich auf die Vermeidung von sexuellem Mißbrauch, was bedeutet, andere Menschen weder physisch, geistig oder emotionell zu verletzen und die Gefahren von zu starken Begierden zu erkennen. Das Gegenteil davon, das, was wir üben sollen, sind Treue, Zuverlässigkeit und Verantwortungsbewußtsein. Dies gilt nicht nur gegenüber unseren Partnern, sondern für alle Menschen, mit denen wir eine Verbindung haben.

Die vierte Tugendregel behandelt die Vermeidung von falscher Rede: Lügen, unnützem Schwätzen, Verleumdung und Klatsch. Das Gegenteil davon ist natürlich Rechte Rede, was nicht heißen soll, daß man ein Redner sein muß, schmeicheln oder das sagen soll, was andere hören möchten. Gemeint ist, daß wir miteinander über bedeutungsvolle Themen aus eigener Erfahrung sprechen. Wenn wir dies tun, dann ist das erbaulich und inspirierend, andernfalls können Gespräche sehr ermüdend sein. Rechtes Reden ist eine erlernbare Fähigkeit wie jede andere auch.

Die fünfte Tugendregel gilt der Abstinenz von Alkohol und Drogen, weil sie den Geist noch mehr verwirren, als er es ohnehin schon ist. Das Gegenteil ist Achtsamkeit: Wir sollten dem Aufmerksamkeit schenken, was in uns vorgeht, Ursache und Wirkung in Zusammenhang bringen und erkennen, daß Frieden und Freude in uns warten, wenn wir den ganzen Schutt unserer Reaktionen beseitigen können, der die Schönheit von Herz und Geist verdeckt.

»Auch nicht im Kleinsten gäbe es ein Vergehen, wofür ihn Weise tadeln könnten« hat eine interessante Analogie zur Bergpredigt:

> »Ihr habt gehört, daß zu den Alten gesagt ist: ›Du sollst nicht töten‹; wer aber tötet, der soll des Gerichts schuldig sein. Ich aber sage euch: Wer mit seinem Bruder zürnt, der ist des Gerichts schuldig; wer aber seinen Bruder verachtet, der ist des Hohen Rats schuldig.«
>
> *(Matth. 5, 21–22)*

»Du sollst nicht töten« ist das erste der zehn Gebote des Alten Testaments und, wie wir gesehen haben, ist es auch das erste Gebot des Buddhismus. »Zu den Alten« bezieht sich auf das Alte Testament, und der »Hohe Rat« war der Sanhedrin, der jüdische Rat der Rabbiner, der weisen Männer der Gemeinschaft. Jesus sagte, daß selbst dem Bruder zu zürnen oder ihn zu verachten schon gerichtet werden muß, genau wie der Buddha uns auf Liebende Güte und Mitgefühl hinweist.

Beide, der Buddha und Jesus, fordern uns auf, auf das zu hören, was die Weisen sagen. Tun wir das aber auch? Sind wir bereit zu lernen, oder meinen wir, bereits alles zu wissen? Wenn wir uns nur auf unsere eigenen Meinungen verlassen, können wir uns oft irren. Der Geist ist ein Zauberkünstler; er kann ein Kaninchen aus jedem Hut hervorzaubern und kann jeden Standpunkt rechtfertigen. Es bedeutet Demut, uns dies einzugestehen und bereit zu sein, auf die zu hören, die wir für weise halten. Der Buddha sprach vom »Zusammensein mit weisen und reifen Menschen«. Als Ānanda einmal zu ihm sagte: »Herr, ein guter Freund ist das halbe spirituelle Leben«, antwortete dieser: »Sage das nicht, Ānanda. Ein guter Freund ist das ganze spirituelle Leben.«

Natürlich ist es nicht immer leicht, weise Freunde und reife Menschen zu finden, und Reife ist leider keine Frage des Lebensalters. Sie ist ein Resultat des inneren Wachstums, das aus erkanntem Erleben hervorgeht. Was immer auch in uns geschieht, ob wir uns ärgern oder aufregen, ob wir glücklich und zufrieden, positiv oder negativ sind – alles ist ein Erlebnis. Wir müssen über diese Erfahrungen nachdenken und ihre Ursachen erkennen. Je tiefgreifender wir uns erforschen, desto weniger werden wir behaupten zu wissen, was es bedeutet, ein Mensch zu sein. Das wiederum macht es uns leichter, andere zu befragen, ihnen zuzuhören und ihre Aussagen zu prüfen.

Glück

Anschließend an diese Fünfzehn Bedingungen wird die Lehrrede über die Liebende Güte mit folgenden Zeilen fortgesetzt:

> »Mögen alle Wesen glücklich sein
> und Frieden finden!«

Wir werden aufgefordert, diesen Gedanken in unserem Geist und im Herzen zu bewahren, nicht nur für die, die wir lieben, sondern für jeden.

In den Worten Jesu heißt es:

> »Wenn ihr nämlich nur die liebt, die euch lieben, welchen Lohn könnt ihr dafür erwarten? Tun das nicht auch die Zöllner? Und wenn ihr nur zu euren Brüdern freundlich seid, was tut ihr damit Besonderes?«
>
> *(Matth. 5, 46–47)*

Es ist zu leicht, nur die zu lieben, die uns auch lieben. Darin besteht keine Herausforderung, und es bringt kein spirituelles Wachstum. Es ist lediglich eine Reaktion. Wenn wir aber lernen, jene zu lieben, die wir nicht als liebenswert betrachten, dann haben wir begonnen, der Botschaft des Herzens nachzugeben und unseren Eigendünkel aufzugeben.

Der Buddha sprach davon, das Liebenswerte in dem Unliebsamen und das Unliebsame in dem Liebenswerten zu sehen. Wenn wir das von Fall zu Fall praktizieren, dann bringen wir unsere Emotionen immer wieder ins Gleichgewicht. Unsere Antipathien und Ablehnungen werden unverzüglich gemildert, wenn wir das Gute, Wertvolle und Schätzenswerte in einem Menschen sehen. Schließlich werden unsere negativen Gefühle eines Tages nicht mehr aufkommen. Das Unliebsame in dem Liebenswerten zu sehen, bringt dasselbe Resultat, weil es hauptsächlich die Vergänglichkeit unserer Vergnügungen und Besitztümer ist, die wir als unliebsam empfinden. Wir möchten das behalten, was wir lieben, und haben Angst davor, es zu verlieren. Wir wollen nicht zugeben, daß uns nichts gehört und daß wir weder Menschen noch Dinge festhalten können.

»Alles, was mein und mir lieb ist, muß sich ändern und entschwinden«, ist eine der fünf täglichen Betrachtungen, die vom Buddha empfohlen wurden. Wenn wir uns daran erinnern, wird uns die Vergänglichkeit des Lebens, unser Mangel an Stabilität, die Unbeständigkeit all unserer Gedanken und Gefühle immer mehr bewußt. Dann wird sich unser Anhaften allmählich verringern, und wir werden feststellen, daß es einfacher wird, mit dem, was uns lieb und teuer ist, verständnisvoll umzugehen.

Es ist recht leicht, sich Menschen ferner Kontinente vorzustellen und ihnen alles Gute zu wünschen. Aber die Realität liegt in unserem nahen Umkreis. Diejenigen, die an unserem Leben teilhaben und die sich oft so benehmen, daß es uns mißfällt, die uns Hindernisse in den Weg legen und anscheinend gegen uns eingestellt sind, sie sind es, die wir berücksichtigen müssen. Wollen wir wirklich, daß sie glücklich sind? Das ist die echte Prüfung. Wir müssen uns immer wieder fragen: »Wünsche ich diesen Menschen Glück, oder mache ich das von einer Bedingung abhängig? Wünsche ich nur, daß sie glücklich sind, wenn sie mit mir übereinstimmen oder auch mir Glück wünschen? Oder ist mein Wunsch frei von diesen Voraussetzungen?«

Sobald wir feststellen, daß unser Herz tatsächlich

nur eine Funktion hat, nämlich zu lieben, und das nichts mit den Gefühlen anderer Menschen zu tun hat, sondern nur mit unserer eigenen Liebesfähigkeit, dann beginnen wir wirklich mit der spirituellen Praxis. Niemand vermag dies über Nacht; Lieben ist eine zu erwerbende Fähigkeit. Wir versuchen es einfach immer wieder. Manchmal wird der Geist sagen: »Es ist zu schwierig.« Dann setzen wir diesen Tag aus und beginnen am nächsten Morgen wieder von neuem. Das geht jedem so. Aber wenn wir feststellen, daß wir fähig sind, das zu lieben, was wir gewöhnlich als nicht liebenswert betrachtet haben, dann überkommt uns eine Woge von Gewißheit und Sicherheit. Wir werden zuversichtlich und gewinnen Selbstvertrauen, und unser Inneres erhält eine neue Stabilität.

Es ist viel einfacher, zu lieben und zu geben, als ständig nach Bekommen und Geliebt-Werden Ausschau zu halten. Das hängt immer von anderen Menschen ab, und sie wollen oder können uns oft nicht das geben, was wir haben wollen. Aber selbst Lieben hängt nur von unserer eigenen Entschlossenheit, unserer Bereitschaft, der Flexibilität unseres Herzens und unseres Geistes ab. Wir können es schaffen, jeder kann es schaffen, obwohl es sehr wenige Menschen versuchen. Das ist der Weg zum Glück und zum Frieden. Unsere äußere Existenz ist immer von bestimmten Voraussetzungen abhängig: Ernährung, Schlaf, Wetter, andere Menschen. Aber unsere innere Existenz hängt nur davon ab, wie wir persönlich die Reinheit des Herzens und des Geistes verwirklichen.

Keinerlei Übelwollen

Die nächsten Zeilen in der Lehrrede über die Liebende Güte lauten:

> »Niemand betrüge oder verachte
> einen anderen. Aus Ärger oder Übelwollen wünsche man keinem irgendwelches Unglück.«

Jesus kleidet dies in fast die gleichen Worte:

> »Liebet eure Feinde und betet für die,
> die euch verfolgen, damit ihr Kinder
> seid eures Vaters im Himmel.«
>
> *(Matth. 5, 44–45)*

Unsere Feinde sind nicht nur unbedingt jene, die uns töten wollen. Es sind auch diejenigen, die kein Einfühlungsvermögen für uns haben. Die einzige Art, damit umzugehen, ist, Mitgefühl und Einfühlungsvermögen für sie zu haben. Das ist eigentlich eine recht einfache Schlußfolgerung. Wenn wir Liebe erfahren wollen, dann müssen wir selbst lieben, weil derjenige, der liebt, der einzige ist, der die Liebe in seinem Inneren erlebt.

»Niemand … verachte einen anderen.«

Wir fällen oft negative Urteile und blicken auf andere herab. Diese Verurteilungen beruhen auf unseren eigenen Meinungen, beeinflußt von Ansichten und Ideen, die sich in diesem und in vergangenen Leben angesammelt haben. Sie alle befassen sich mit »mir«, mit »meinen« Reaktionen auf andere, mit »meinem« Eindruck von einem Menschen. Wenn wir jemandem schaden wollen, dann verbinden wir unser Bewußtsein mit dem Verlangen zu schaden, und das wird auf uns zurückfallen wie ein Bumerang, was Ursache und Wirkung bedeutet. Das mag nur ein unbehagliches Gefühl ausmachen, wir fühlen uns nicht ganz glücklich, aber das ist noch das mindeste Resultat davon. Sobald wir einen solchen Gedanken haben, wird er sicherlich unserem spirituellen Wachstum schaden.

»Wie kannst Du Deinem Bruder sagen:
Laß mich den Splitter aus Deinem
Auge ziehen, und siehe, in Deinem
Auge ist der Balken?«

(Matth. 7, 4)

Auch hier können wir die Gemeinsamkeit der Gedanken erkennen. Wie können wir jemanden verachten, wo wir doch selbst noch nicht volle Reinheit erlangt haben?

Herzensverbindung

Die vielleicht aufschlußreichste Stelle ist im letzten Teil der Lehrrede:

> »Wie eine Mutter mit ihrem Leben
> ihr einzig Kind beschützt und behütet,
> so möge man für alle Wesen und
> die ganze Welt ein unbegrenzt gütiges
> Gemüt erwecken.«

Das zeigt uns in aller Klarheit, was wir tun können. Jedesmal, wenn wir uns selbst beobachten, werden wir sehen, wie weit wir von diesem Ideal entfernt sind, besonders, wenn wir Eltern sind.

Die eigenen Kinder zu lieben, das ist nicht besonders schwer. Die meisten von uns sind dazu in der Lage. Aber andere so zu lieben, als seien sie unsere Kinder, das ist eine ganz andere Herausforderung. Wenn wir eigene Kinder großgezogen haben, dann wissen wir, wie oft wir den Eindruck hatten, daß sie sich schlecht benehmen oder auch das Gegenteil von dem tun, was wir tun würden. Aber hindert uns das daran, sie zu lieben? Auf keinen Fall! So sollten wir das gleiche mit jedem, dem wir begegnen, empfinden, auch wenn wir meinen, daß er nicht richtig handelt. Wenn wir Kinder haben, dann ist dies der beste Maßstab, den wir benutzen können. »Wie sehr kann ich diesen Menschen lieben, verglichen mit der Liebe für meine Kinder?« Dieser Weg führt uns zu einem allmählichen Loslassen von »Ich« und »mein«.

Jesus sagt uns das gleiche:

> »Und wenn ihr nur zu euren
> Brüdern freundlich seid,
> was tut ihr Besonderes?«
>
> *(Matth. 5, 47)*

Es geht darum, jeden so zu behandeln, als sei er Teil unserer eigenen Familie. Der Buddha sagte, daß wir alle schon einmal Kinder oder Mutter oder Vater voneinander waren in den vielen Leben, die wir bereits hier verbrachten. Wenn wir uns vorstellen, daß jeder Mensch, dem wir begegnen, einmal unser eigener Sohn oder Tochter gewesen sein könnte (das ist durchaus möglich, wir sollten nichts für selbstverständlich halten), dann werden wir dadurch eine ganz andere Art der zwischenmenschlichen Beziehungen kennenlernen. Es entsteht eine Herzensverbindung. Wenn die Menschheit sich danach richten würde, was hier sowohl vom Buddha als auch von Jesus gesagt wurde, dann würden wir in einer anderen Welt leben.

Bedingungslose Liebe

»Ohne Haß und ohne Feindschaft,
nach oben, nach unten, in alle Richtungen.
Im Gehen, Stehen, Sitzen oder Liegen
entfalte man eifrig die bedingungslose Liebe:
dies nennt man Weilen im Heiligen.
Wer sich nicht an Ansichten verliert,
Tugend und Weisheit in sich trägt,
dem Sinnengenuß nicht verhaftet ist –
für den gibt es keine Geburt mehr.«

Als letzter Hinweis des Buddha in dieser Lehrrede geht es darum, die Liebesfähigkeit in unseren Herzen so zu entwickeln, daß wir vollkommen rein und geläutert sind und Liebe bedingungslos verschenken können. Das bedeutet heil zu sein oder im Heiligen zu verweilen. Alle vorangegangenen Erklärungen und Anweisungen zielen genau darauf hin. Wenn wir ihnen Schritt für Schritt folgen, können wir viel

Segen um uns verbreiten. Dazu gehört, daß wir unsere eigenen Ansichten fallenlassen, um dem Heiligen in uns unser ganzes Herz schenken zu können.

Absolut tugendhaftes Benehmen erfordert auch Weisheit, so daß wir erkennen können, daß unsere Sinnesgenüsse uns leicht eine Falle stellen. Wenn wir fähig sind, durch ständige Achtsamkeit auf unsere Gefühle und Gedanken vollkommene Reinheit in uns zu erarbeiten, dann gibt es für uns keine Geburt mehr auf der Ebene des Menschseins. Besonders interessant ist in diesem Zusammenhang das »Vaterunser«. Dieses Gebet ist das Herzstück der Bergpredigt:

»Unser Vater im Himmel
Dein Name werde geheiligt
Dein Reich komme
Dein Wille geschehe wie im Himmel so auf Erden
Unser täglich Brot gib uns heute
Und vergib uns unsere Schuld
wie auch wir vergeben unsern Schuldigern
Und führe uns nicht in Versuchung
sondern erlöse uns von dem Bösen
Denn Dein ist das Reich und die Kraft
und die Herrlichkeit in Ewigkeit.«

(Matth. 6, 10–13)

Hier wird mit anderen Worten dasselbe ausgesagt, was wir schon vom Buddha gelesen haben:

Wenn wir unseren Eigenwillen, unsere eigenen Ansichten und Wünsche aufgeben, dann kommt das Reich Gottes, und wir leben in Heiligkeit. Auch unseren Schuldigern, die wir nicht lieben, vergeben wir, so daß wir die Reinheit des Herzens erleben und unsere Liebe bedingungslos verschenken können. Unsere Sinnesbegierden sollen uns nicht in Versuchung führen, so daß das Böse von uns fernbleibt.

Dann öffnet sich uns das Reich Gottes in alle Ewigkeit, und wir können die menschliche Ebene mit ihren Problemen und Schwierigkeiten hinter uns lassen.

Obwohl diese Hinweise, sowohl im Christentum als auch im Buddhismus, klar und deutlich den Weg zeigen, der zu Glück und Frieden führt, so fällt es uns dennoch unsagbar schwer, diesen Weg zu gehen. Unsere Begierden und Ablehnungen sind die Blokkaden, verbunden mit festgefahrenen Ansichten und Meinungen und dem Glauben an eine persönliche Identität, von denen wir meinen, daß sie unter allen Umständen bewahrt werden müßten. Doch je mehr wir davon loslassen können, desto mehr öffnet sich der Zugang zum Heiligen oder Göttlichen.

»Wie eng ist die Pforte und wie schmal
der Weg, der zum Leben führt,
und wenige sind's, die ihn finden.«

(Matth. 7, 13)

Anhang

Erklärung von Meditation und Kontemplation

Was bedeutet Kontemplation, und wie unterscheidet sie sich von Meditation? Es gibt nur zwei Richtungen, die wir meditativ erfassen können: Ruhe und Einsicht, auf Pali: Samatha und Vipassanā. Beide müssen praktiziert werden. Der Geist, der etwas Ruhe bekommt, erlangt etwas Einsicht, und der Geist, der etwas Einsicht hat, kann leicht zur Ruhe kommen. Sie helfen sich also gegenseitig.

Wenn wir uns in der Meditation auf den Atem konzentrieren, so versuchen wir, zur Ruhe zu kommen. Der Geist soll zeitweilig nicht denken, vor allen Dingen nicht diskursiv denken, sondern statt dessen erleben. Im allgemeinen denkt er sich alle möglichen Geschichten aus und springt von einem Thema zum anderen, was seine natürliche Tendenz ist.

Wenn wir bei der Meditation unsere abschweifenden Gedanken etikettieren, so bringt uns das Einsicht in unsere Denkmuster und fehlende Konzentrationsfähigkeit. Sobald wir unsere Reaktionen auf unangenehme Empfindungen erkennen, haben wir Einsicht in emotionelle Muster gewonnen.

Kontemplation ist nur auf Einsicht ausgerichtet. Sie unterscheidet sich von unserem gewöhnlichen Denken dadurch, daß wir nicht diskursiv denken. Sollten wir über *Dukkha* kontemplieren, fangen wir z.B. nicht an, über unsere Schwierigkeiten nachzudenken, was so aussehen könnte: »Ach, mein Knie tut mir so weh; ich hätte doch noch zu dem Homöopathen gehen sollen, aber manchmal hilft das ja auch nichts. Meine Freundin hat gesagt, der Naturopath, bei dem sie war, hat sehr gut geholfen. Ich hätte sie anrufen sollen, na – das kann ich ja hier noch machen, die Telefonzelle ist ja nicht weit. Jetzt habe ich keine Telefonkarte; muß ich mir kaufen gehen. Ob die hier wohl welche verkaufen?«

Jetzt sind wir vom *Dukkha* bei der Telefonkarte gelandet. Das ist keine Kontemplation, sondern diskursives Denken. Wollen wir aber unser eigenes *Dukkha* verstehen, dann müssen wir erst einmal bei der Unannehmlichkeit bleiben, die gerade existiert, unsere Reaktionen untersuchen und unsere

Gefühle kennenlernen. So gewinnen wir Einsicht in uns selbst.

Immer wieder, wenn der Geist abschweift und solche oder ähnliche Geschichten erzählt, müssen wir ihn zu dem Thema zurückbringen, das anliegt. Wir sollten auch das Thema als solches einmal untersuchen, um festzustellen, wie wir z.B. der »Liebende-Güte«-Kontemplation gegenüber empfinden. Interessiert uns das, oder halten wir sie für überflüssig oder gar selbstverständlich?

Im Prinzip ist Kontemplation eine Möglichkeit, im Mikrokosmos von uns selbst den Makrokosmos der menschlichen und universellen Existenz kennenzulernen. Durch Einsicht in unsere eigenen Gefühle und Reaktionen lernen wir, den Ablauf der emotionellen Ebene im Herzen der Menschen zu verstehen, und wissen, wie es überall aussieht.

Die drei Daseinsmerkmale der Existenz sind Vergänglichkeit, *Dukkha* (Unzulänglichkeit, nichtzufriedenstellend) und Substanzlosigkeit. Eines davon als Kontemplationsobjekt zu benutzen, hilft uns, tiefer in uns selbst hineinzuschauen. Mit den folgenden Kontemplationen jedoch wollen wir einmal unsere Liebesfähigkeit und Liebesmöglichkeiten untersuchen, denn durch das Erwecken unseres Herzens erleichtern wir uns und unserer Umwelt das Leben. Ein liebendes Herz ist in der Lage, die Dinge so zu akzeptieren, wie sie sind, und dadurch wiederum bedeutsame Einsichten zu erlangen.

Liebende-Güte-Kontemplation

Um anzufangen, bitte die Achtsamkeit auf den Atem lenken für ein paar Momente.

Wir wollen einmal in unser Herz hineinschauen und feststellen, wie oft am Tage wir uns daran erinnern, Liebe aus unserem Herzen strömen zu lassen. Wenn überhaupt nicht, wieso nicht?

Jetzt wollen wir einmal untersuchen, ob wir schon probiert haben, Menschen zu lieben, nur um der Liebe willen und nicht aus einer Beurteilung des Menschen heraus.

Wir wollen einmal schauen, wie sehr wir mit dem »nahen Feind« der geläuterten Liebe, dem Anhaften, der Anhänglichkeit und dem Besitzen verbunden sind. Wie sehr ist das im Vordergrund unserer Liebesbeziehungen?

Haben wir schon versucht, die Anhänglichkeit und das damit verbundene Liebesgefühl zu erweitern, so daß es auf Menschen ausgedehnt werden kann, an denen wir nicht anhaften? Können wir uns vorstellen, das zu versuchen?

Können wir Liebe und Akzeptanz für uns selbst empfinden? Haben wir diese schon empfunden? Bei welcher Gelegenheit haben wir sie empfunden? Oder haben wir darauf warten müssen, daß uns jemand anderes versichert, daß wir liebenswert sind?

Wie stehen wir uns selbst gegenüber? Beurteilend und verurteilend oder liebend? Oder versuchen wir, uns durch angenehme Sinneserlebnisse das Leben zu verschönern?

Wie oft an einem gewöhnlichen Tag verspüren wir Ärger oder Ablehnung gegenüber irgendeinem anderen Menschen?

Ist uns dabei schon klar geworden, daß uns das nicht glücklich macht?

Wie oft äußern wir unseren Ärger und unsere Ablehnung an einem gewöhnlichen Tag? Und haben wir dabei erkannt, daß das Gefühl und die Äußerung unsere Umwelt verschmutzen?

Um das Gefühl der Liebe in unserem Herzen leichter zu finden, können wir uns erinnern, wie wir uns gefühlt haben, wenn uns jemand sehr geliebt hat. Können wir dieses Gefühl mit unserem Herzen vereinen? Ist es uns klar, daß, je mehr wir davon verschenken, desto mehr wir davon in unserem Herzen haben?

Können wir den Unterschied zwischen anhaftender Liebe und bedingungsloser Liebe sehen? Können wir die Vorteile der bedingungslosen Liebe erkennen? Können wir die fehlende Erwartungshaltung bemerken?

Können wir die Nachteile der anhaftenden Liebe erkennen?

Gibt es Zeitpunkte in unserem Leben, in denen unser Herz mit Liebe angefüllt war, aber dennoch nicht besitzen wollte oder konnte? Haben wir eine derartige Erfahrung gemacht? Dann können wir daran heute anknüpfen.

Vielleicht können wir uns an einen Moment in der freien Natur erinnern, in dem unser Herz sich erweitert hat und voll Wärme war und die Schönheit ganz bedeutsam wurde. Wenn wir eine solche Erinnerung haben, können wir dieses Gefühl im Herzen verankern und als Zugang für bedingungslose Liebe, die Läuterung des Herzens, benutzen.

Wir wollen uns vorstellen, daß wir jetzt in diesem Moment mit der Läuterung des Herzens beginnen und die Herzenswärme zu Menschen, Natur, der Lehre ausströmen lassen, so weit es uns möglich ist.

Können wir uns vorstellen, dies als Übungsprojekt zu haben und durchzuführen?

Wir wollen die Liebesfähigkeit in uns erkennen und auch, daß sie allein zum Verschenken existiert.

Liebe bedeutet auch Vertrauen und Hingabe. Können wir daraus entnehmen, daß die Hingabe zu einem hohen Ideal unsere Liebesfähigkeit unterstützt und zur Blüte bringt?

Ist uns klar, daß dies der Weg des spirituellen Lebens ist? Nicht haben wollen und bekommen wollen, sondern verschenken.

Wir wollen auch noch betrachten, daß wir mit der Wahrheit des Lebens fließen und keine Angst zu haben brauchen, wenn wir nicht bekommen und festhalten wollen.

Mögen alle Menschen die Läuterung ihrer Herzen üben.

Liebende-Güte-Meditation: Springbrunnen der Liebe

Um mit der Meditation anzufangen, wollen wir die Achtsamkeit für ein paar Momente auf den Atem lenken.

Wir stellen uns jetzt einmal vor, daß in unserem Herzen ein Springbrunnen ist, der in vielen Farben schillert, wenn die Sonne auf das Wasser scheint, und jeder Tropfen, der von diesem Springbrunnen herunterfällt, ist mit Liebe angefüllt. Und allmählich füllt sich unser ganzes Herz und unser ganzes Sein mit Liebe. Wir fühlen die Wärme und Fürsorge, die aus unserem Herzen kommt, und sind beglückt von dem, was wir in unserem Herzen finden können.

Und jetzt lassen wir die Tropfen dieses Springbrunnens aus unserem Herzen in das Herz von demjenigen fallen, der uns am nächsten sitzt, und jeder Tropfen ist voll Liebe. Wir sehen, wie das denjenigen Menschen beglückt.

Jetzt lassen wir die Tropfen aus dem Springbrunnen in unserem Herzen in die Herzen unserer Eltern fallen, und wir verbreiten Liebe und Mitgefühl in deren Herzen. Sie sind beglückt davon und fühlen die Reinheit dieser wunderbaren Quelle.

Wir denken an unsere liebsten Menschen, mit denen wir vielleicht zusammenleben, und lassen diesen Springbrunnen, dessen Tropfen nur Liebe enthalten, sich zu deren Herzen ausbreiten und sie mit Liebe anfüllen. Und wir erwarten kein Gegengeschenk, sondern benutzen nur die Liebesfähigkeit unseres Herzens.

Wir spüren noch einmal diesen wunderschönen, in vielen Farben schillernden Springbrunnen in unserem Herzen, dessen Tropfen nur Liebe enthalten, und lassen sie in die Herzen unserer Freunde, Bekannten und Verwandten fallen, so daß deren Herzen auch damit angefüllt sind. Und wir sehen, wieviel Freude das bringt, wieviel Glück das um uns herum verbreitet.

Und wir denken an die Menschen, denen wir in unserem Alltag begegnen, unsere Nachbarn und Arbeitskollegen, Kunden, Verkäufer, Patienten, Lehrer, wer immer uns in den Sinn kommt und einen wichtigen Teil unseres Alltags ausmacht. Der Springbrunnen in unserem Herzen sprudelt zu all deren Herzen und schenkt ihnen Liebe. Und wir fühlen ein ganz anderes Zusammengehörigkeitsgefühl mit diesen Menschen. Wir haben eine Herzensverbindung und nicht nur die Verbindung der Nähe oder der Notwendigkeit.

Und jetzt denken wir an einen Menschen, den wir schwierig finden, der uns stört. Der Springbrunnen in unserem Herzen ist nicht aufzuhalten und sprudelt überallhin, so daß die Tropfen voll Liebe auch in das Herz des schwierigen Menschen fallen und wir dadurch eine Herzensverbindung herstellen, die diesen Menschen und uns selbst beglückt.

Und jetzt öffnen wir unser Herz, so weit es uns nur möglich ist, und der Springbrunnen in unserem Herzen wird immer größer und größer. Wir sehen, wie er sich verbreitet, und so lassen wir so viele Menschen wie nur möglich in unser Herz hinein, um diese Tropfen der Liebe zu verspüren, die aus unserem Herzen kommen. Erst lassen wir all die hinein, die hier versammelt sind. Und wir sehen ganz deutlich, wie jeder sich an diesen Liebestropfen erfreut.

Dann lassen wir all die Menschen hinein, die in

diesem Haus zu finden sind, und dann all die in der Umgebung, die wir vielleicht gesehen haben oder von denen wir nur ahnen, daß sie in den umliegenden Häusern zu finden sind. Alle dürfen hinein. Wir lassen all die Menschen hinein, die wir kennen, die wir je gesprochen oder gesehen haben, von denen wir gehört haben, von denen wir wissen oder auch nur ahnen, daß sie existieren.

Unser Herz wird immer weiter und größer; der Springbrunnen dehnt sich in alle Richtungen aus, und alle diese Menschen haben in unserem Herzen Platz und können sich an den Liebestropfen erfreuen.

Jetzt vergrößern wir diesen Springbrunnen in unserem Herzen so weit, daß die Tropfen immer weiter und weiter fallen können, so daß auch die Menschen, von denen wir nichts wissen, sie zu spüren bekommen. Und wir sehen ganz deutlich, wie dieses reine Gefühl der Liebe sich um uns und in uns verbreitet.

Und wir richten die Achtsamkeit wieder auf uns selbst und spüren das Glück und die Freude, die vom Lieben und Verschenken kommen. Wir füllen uns von Kopf bis Fuß mit dem Sprudeln des Springbrunnens in unserem Herzen, der Liebestropfen fallen läßt. Wir sind davon beglückt und fühlen die Reinheit, die aus diesen herrlichen Wassertropfen entspringt.

Mögen alle Menschen die Reinheit in ihren Herzen zur Blüte bringen.

Liebende-Güte-Meditation: Verzeihen

Um anzufangen, wollen wir noch einmal die Achtsamkeit auf den Atem lenken für ein paar Momente.

Wir wollen uns einmal selbst verzeihen für alles, was wir glauben, in diesem Leben falsch gemacht zu haben. Wir wollen diesen Menschen, der Fehler begangen hat, anschauen, wie er in der Vergangenheit ausgesehen hat, und ihm von Herzen verzeihen, ihn liebend umarmen, die Fehler als eine Lernsituation benutzen, aber uns nicht weiter darüber grämen.

Vielleicht erkennen wir, daß die Fehler aus Unwissenheit begangen worden sind, deswegen sind es trotzdem Fehler, aber die Unwissenheit ist das Los der Menschheit. Vielleicht können wir innerlich sagen: Ich verzeihe dir.

Jetzt denken wir an unsere Eltern, ob sie noch am Leben sind oder nicht, und alle Vorwürfe, die wir gegen sie haben, alles, was wir glauben, das sie falsch gemacht haben; wir verzeihen ihnen von Herzen, denn wir wissen, es ist aus Unwissenheit geschehen. Auch sie haben das gleiche *Dukkha* (Leid) wie wir selbst, und nur, wenn wir verzeihen, kommen wir über jegliche Schwierigkeiten hinweg. Wir verzeihen ihnen und umarmen sie liebend und sagen zu ihnen: Wir verzeihen euch. Wir können euch innigst lieben.

Jetzt denken wir an die Menschen, die uns am nächsten stehen, mit denen wir vielleicht zusammenleben. Wir verzeihen ihnen alle Fehler, die wir je gespürt haben. Wir verzeihen ihnen alles, was wir als lieblos empfunden haben, umarmen sie liebend und sind in der Lage, das Vergangene zu vergessen und nur den jetzigen Moment in Liebe zu erleben.

Wir denken an Freunde, Bekannte und Verwandte, wer immer uns da in den Sinn kommt, verzeihen ihnen alles, was wir je an ihnen auszusetzen hatten; akzeptieren sie so, wie sie sind, umarmen sie in Liebe, lassen die Vergangenheit ruhen.

Wir denken an die Menschen, die unseren Alltag bevölkern, mit denen wir zusammenarbeiten, die bei uns in der Nähe wohnen, die wir hier und dort treffen, und alles, was wir je bemängelt haben, verzeihen wir und lassen es in der Vergangenheit verschwinden. Wir umarmen alle diese Menschen, zeigen ihnen unsere Liebe und fühlen uns verbunden.

Jetzt denken wir an einen oder mehrere schwierige Menschen in unserem Leben oder solche, mit deren Worten oder Handlungen wir nicht übereinstimmen, die wir ablehnen, die nicht die gleichen Ideale haben wie wir selbst, wer immer uns dabei in den Sinn kommt. Wir verzeihen ihnen alles, was wir je als schlecht bezeichnet haben. Wir wissen, daß sie das gleiche *Dukkha* haben wie wir selbst und einen falschen Weg heraus aus dem *Dukkha* gesucht haben. Wir verzeihen ihnen das, lassen die Vergangenheit verschwinden und lieben sie in diesem Moment. Unser Herz öffnet sich ihnen gegenüber, und die Schwierigkeiten fallen von uns ab.

Jetzt füllen wir unser Herz mit Verzeihung, mit Verständnis, mit Akzeptanz, mit liebendem Vertrauen und verschenken das an alle Menschen, die uns in den Sinn kommen, die wir kennen oder gesehen haben, von denen wir gehört haben, von denen wir wissen oder auch nur ahnen. Und wir bekommen ein Gefühl der Zusammengehörigkeit. Wir erkennen die Gleichheit unserer Probleme und können sie fallenlassen, so daß unser Herz nur Liebe und Zuneigung enthält.

Wir denken an die Menschen, denen wir gleichgültig gegenüberstehen, und bitten sie um Verzeihung, daß wir gleichgültig gewesen sind, und schenken ihnen unser Herz.

Und jetzt denken wir an Menschen, von denen wir glauben, daß wir ihnen Unrecht getan haben, ihnen in irgendeiner Weise weh getan haben, ob es so war oder nicht, und bitten diese Menschen um Verzeihung und schenken ihnen unsere Liebe.

Wir denken an die lieblosen Momente in unserem Leben, wo wir anderen diese Lieblosigkeit gezeigt haben, und bitten um Verzeihung. Und wenn uns spezifische Menschen dabei einfallen, umarmen wir sie in Liebe.

Wir richten die Achtsamkeit wieder auf uns selbst. Wir haben uns selbst und anderen verziehen, haben andere um Verzeihung gebeten. Es bedeutet, daß wir keine Außenstände haben. Wir können jetzt neu anfangen, jeder Moment ein neuer Anfang. Und so füllen wir unser Herz mit der Zufriedenheit und dem Glück, daß alles Alte von uns abgefallen ist und das Neue, die Liebesfähigkeit, in uns erweckt ist. Das Alte bedrückt uns nicht, das Neue beschwingt uns.

Mögen alle Menschen sich selbst und anderen verzeihen.

Liebende-Güte-Meditation: Blumengarten im Herzen

Um anzufangen, bitte die Achtsamkeit auf den Atem lenken für ein paar Momente.

Wir wollen uns vorstellen, daß wir einen ganz herrlichen Blumengarten in unserem Herzen wachsen haben, auf dem Nährboden der Liebe gewachsen, mit Fürsorge gepflegt. Und in diesem wunderschönen Blumengarten, der in allen Farben blüht und einen herrlichen Duft ausströmt, fühlen wir uns wohl und geborgen, von Liebe und Schönheit umgeben.

Jetzt machen wir ein wunderschönes Bouquet zurecht, das schönste, das wir in unserem Herzen finden können, und schenken es demjenigen, der uns am nächsten sitzt, überreichen es in Liebe und freuen uns, daß dieser Mensch uns auf unserem spirituellen Werdegang begleitet.

Wir machen ein wunderschönes Bouquet zurecht für unsere Eltern, und wir sehen, wie sie das erfreut, daß wir ihnen diese herrlichen Blumen aus unserem Herzen schenken, und freuen uns mit ihnen.

Jetzt machen wir einen wunderschönen Blumenstrauß zurecht, den schönsten, den wir finden können in unserem Herzen, und schenken ihn den Menschen, die uns am nächsten stehen, mit denen wir vielleicht zusammenleben. Jeder von ihnen bekommt einen Blumenstrauß aus unserem Herzen. Und wir sehen, wie die Schönheit dieser Blumen sie erfreut, und auch unser Herz ist voller Freude.

Wir denken an Freunde, Bekannte, Verwandte, und für jeden von ihnen machen wir das schönste Bouquet zurecht, das wir in unserem Herzen finden können, und überreichen es in Liebe und zeigen dadurch unsere Zusammengehörigkeit. Wir sehen die Freude auf den Gesichtern, und dadurch können wir die gleiche Freude erleben.

Wir spüren ganz deutlich, je mehr wir von diesen Blumen verschenken, desto mehr wachsen in unserem Herzen.

Und so können wir Bouquets zurechtmachen für all die Menschen, denen wir im Alltag begegnen. Für jeden von ihnen machen wir einen herrlichen Blumenstrauß zurecht, auf dem Nährboden der Liebe in unserem Herzen gewachsen, mit Fürsorge gepflegt, und verschenken ihn, sobald wir einen von diesen Menschen treffen, die unseren Alltag bevölkern, wer immer sie sein mögen. Und ein jeder freut sich über dieses schöne Geschenk, und wir freuen uns mit.

Wir denken an einen schwierigen Menschen oder jemanden, der uns gleichgültig ist. Auch für diesen Menschen machen wir ein wunderschönes Bouquet aus den Blumen in unserem Herzen, in allen Farben, mit herrlichem Aroma, schöner als jede Blume, die wir je gesehen haben, denn sie wachsen an einer ganz besonderen Stelle. Und jetzt verschenken wir diesen Blumenstrauß, überreichen ihn in Liebe, und sehen, wie dieser schwierige oder gleichgültige Mensch unser Freund oder unsere Freundin wird. Wir sind uns nah durch das Verschenken unseres Herzens. Und wir sind froh darüber, einen Freund statt eines schwierigen oder uns gleichgültigen Menschen zu kennen.

Jetzt öffnen wir unser Herz ganz weit und lassen so viele Menschen wie nur möglich in den Blumengarten herein, und ein jeder darf sich eine Blüte darin pflücken als ein Zeichen unserer Zusammengehörigkeit und unserer Liebe.

Zuerst lassen wir alle die hinein, die hier versammelt sind. Je mehr Blüten wir verschenken, desto mehr von ihnen wachsen. Dann lassen wir all die Menschen hinein, die wir hier in diesem Haus sehen. Und wir sind beglückt, daß sie sich eine Blüte mitnehmen und darüber froh sind. Dann lassen wir all die Menschen hinein, die wir kennen. Es ist unendlich viel Platz in unserem Herzen, und es gibt unendlich viele schöne Blüten, die wir verschenken können. Alle Menschen, die wir kennen, kommen und nehmen sich eine Blüte aus unserem Herzen. Und wir sehen die Freude auf ihren Gesichtern und freuen uns mit.

Dann lassen wir all die Menschen hinein, die wir nur selten sehen, wer immer uns da in den Sinn kommt. Vielleicht haben wir sie auf Bildern gesehen oder irgendwo auf der Straße; alle können sich an diesen wunderschönen Blumen in unserem Herzen erfreuen und sich eine Blüte davon mitnehmen als Zeichen unserer Zusammengehörigkeit.

Und dann lassen wir all die Menschen hinein, von denen wir wissen oder nur ahnen und spüren, wie groß und weit unser Herz sein kann, wie viele Menschen darin Platz haben, nicht nur ein oder zwei oder drei, sondern Hunderte, Tausende. Alle erfreuen sich an den wunderschönen Blüten. Sobald eine gepflückt wird, wächst eine neue. Wir lassen so viele Menschen hinein, wie unsere Vorstellungskraft es erlaubt. Alle freuen sich an den wunderschönen Blumen, wir sind beglückt und freuen uns mit.

Wir richten die Achtsamkeit auf uns selbst, sehen diesen schönen Blumengarten in unserem Herzen unversehrt, im Gegenteil, die Blüten sind noch größer, noch farbenprächtiger. Sie beglücken uns, füllen und umhüllen uns mit Wohlbefinden und mit einem Gefühl der Liebe, der Freude.

Und dann verankern wir diesen Blumengarten in unserem Herzen, damit sie eins werden und wir immer Zugang zu ihm haben und jederzeit die Blüten verschenken können, woran andere und wir uns selbst erfreuen können.

Mögen alle Menschen die Blüten in ihrem Herzen zum Wachstum bringen.

Liebende-Güte-Meditation: Mitgefühl

Um anzufangen, bitte die Achtsamkeit auf den Atem lenken für ein paar Momente.

Wir wollen unser Herz mit Mitgefühl anfüllen, Mitgefühl für unsere eigenen Schwierigkeiten, für unsere eigenen Mangelerscheinungen; Mitgefühl für alles, was wir in uns finden und was uns nicht zufriedenstellt. Wenn wir dieses Mitgefühl spüren können, dann merken wir, daß wir uns nicht tadeln, nicht verurteilen, sondern uns liebend umarmen können.

Und jetzt wollen wir unser Mitgefühl demjenigen schenken, der uns am nächsten sitzt. Wir wissen, daß auch derjenige dieselben Schwierigkeiten hat wie wir, vielleicht mit einem anderen Namen benannt, und wir umarmen ihn liebevoll mit unserem Herzen voll Mitgefühl.

Wir denken an unsere Eltern, ob sie noch am Leben sind oder nicht. Und wir wissen, daß sie genau so viele Schwierigkeiten wie wir haben, und wir schenken ihnen die Fürsorge und die Wärme des Mitgefühls. Wir fühlen mit ihnen, wir verstehen und akzeptieren und umarmen sie.

Wir denken an die Menschen, die uns am nächsten stehen, mit denen wir vielleicht zusammenleben. Wir kennen sogar teilweise ihre Schwierigkeiten und schenken ihnen unser Herz voll Mitgefühl. Wir verstehen und akzeptieren sie, schenken ihnen unsere Liebe und umarmen sie. Wir haben keine Beurteilung oder Verurteilung, nur Mitgefühl. Und wir können auch erkennen, daß die Gabe des Mitgefühls die Menschen, denen wir sie schenken, unterstützt, festigt, ihnen Vertrauen gibt, sie stärkt.

Jetzt denken wir an unsere Freunde, Bekannten, Verwandten, wer immer uns da in den Sinn kommt. Vielleicht kennen wir ihre Schwierigkeiten. Auf jeden Fall können wir sie mit den unsrigen vergleichen, und unser Herz schenkt ihnen Mitgefühl, die Fürsorge der Zusammengehörigkeit. Wir umarmen sie und sehen ganz deutlich, daß ihnen das eine große Hilfe bedeutet.

Wir denken an die Menschen, die unseren Alltag bevölkern, ob wir sie gut kennen oder nicht, ihnen nahestehen oder nicht; wir wissen dennoch, sie haben die gleichen Schwierigkeiten wie wir selbst. Nur Mitgefühl ist der Weg der harmonischen zwischenmenschlichen Beziehung, und wir verschenken es mit vollem Herzen und sind glücklich, daß wir es im Herzen tragen, um es zu verschenken. Wir sehen, wie jeder von diesen Menschen, denen wir im Alltag begegnen, davon gestärkt wird.

Wir denken jetzt an einen schwierigen Menschen oder jemanden, der uns gleichgültig ist. Wir wissen, daß auch dieser Mensch nur darum schwierig ist, weil er mit seinen eigenen Problemen nicht zurecht kommt. Deshalb gibt es für uns nur eine einzige Reaktion, und das ist Mitgefühl. Wenn wir mit vollem Herzen diesen schwierigen Menschen mit Mitgefühl umarmen, ist jede Schwierigkeit vorbei.

Jetzt denken wir an all die Menschen, deren Leben nicht so angenehm ist wie das unsrige. Im Krankenhaus oder im Gefängnis, im Flüchtlingslager oder in Kriegszonen, hungrig, ohne Freunde, ohne Heim. Unser Mitgefühl verschenken wir mit vollem Herzen und lassen es zu all diesen Menschen hinfließen, so daß sie vielleicht spüren können, daß wir bei ihnen sind, für sie empfinden, Zusammengehörigkeit erkennen, nicht abseits stehen wollen, sondern unser Herz ihnen schenken wollen.

Jetzt denken wir an alle Menschen, die wir kennen oder nur gesehen haben, von denen wir wissen oder gehört haben, und alle, die wir uns vorstellen können. Das liebende Mitgefühl der Fürsorge, der Hilfsbereitschaft, der Zusammengehörigkeit fließt aus unserem Herzen zu all diesen Menschen hin, umarmt sie, stärkt und unterstützt sie.

Und wir richten die Achtsamkeit wieder auf uns selbst. Wir fühlen uns gestärkt und unterstützt von dem Mitgefühl in unserem Herzen, das wir für uns selbst haben und an andere verschenken können. Wir haben ein Fundament, auf dem wir bauen können.

Mögen alle Menschen Mitgefühl für sich selbst und andere im Herzen tragen.